Die KUNST des Zeichnens FÜR KINDER

ZEICHENSCHULE

ZEICHEN-TECHNIKEN

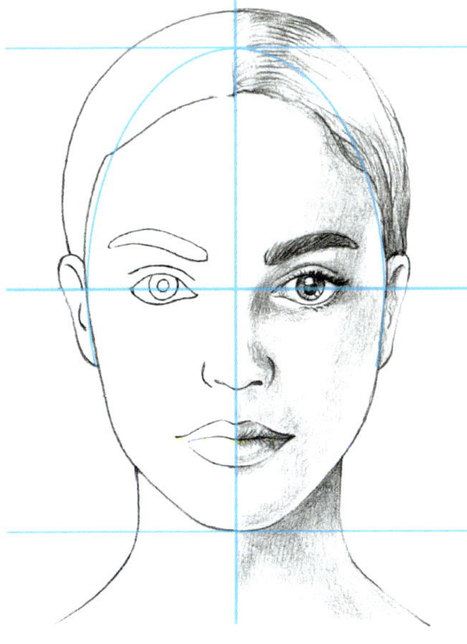

INHALTSVERZEICHNIS

FLÄCHEN, MUSTER UND EFFEKTE 80

TECHNIKEN SPEZIAL 94

Skizzen

Bewegung

Frottage

One Line

Dotwork

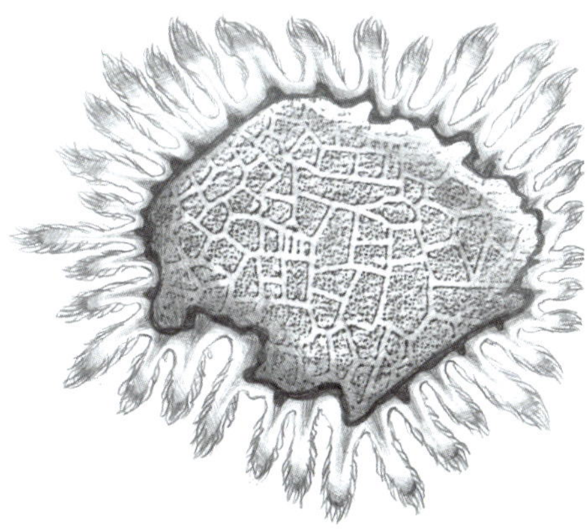

Einige Anleitungen gibt es als Übungsseiten zum Download. Diese Vorlagen stehen im TOPP Download-Center unter www.topp-kreativ.de/downloadcenter bereit. Den Freischaltecode findest du im Impressum.

KLEINER KÜNSTLER

Gezeichnet von Felix, 11 Jahre alt (verkleinerte Zeichnungen)

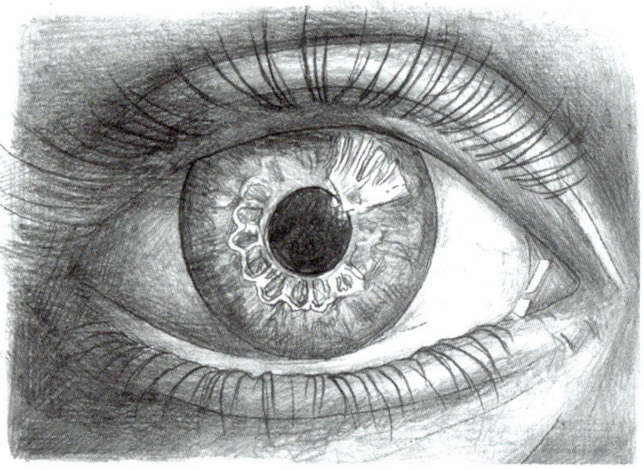

GECKO

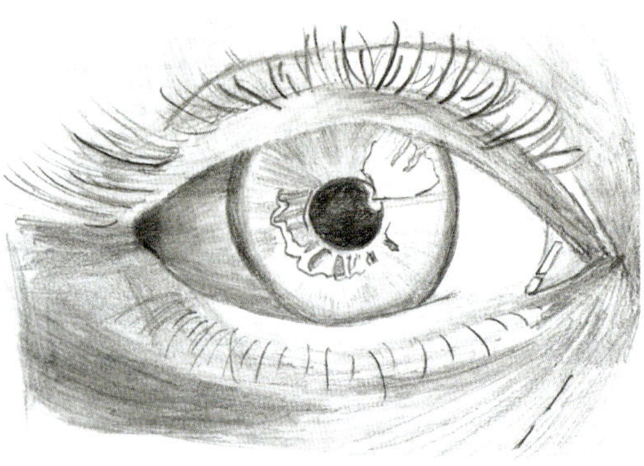

KLEINE KÜNSTLERIN

Gezeichnet von Laura, 11 Jahre alt (verkleinerte Zeichnungen)

MEINE ZEICHENWELT DER TECHNIKEN

Liebe kleine und große Künstler,

bei meinen Zeichenkursen, welche ich an verschiedenen Orten das Jahr über veranstalte, lernt man viele Kinder und auch Erwachsene kennen, die auf ganz unterschiedlichem Niveau und mit ganz unterschiedlichem Anspruch und Können an die Sache herangehen. Doch oft tauchen dabei immer wieder dieselben Fragen auf, was bestimmte Zeichentechniken betrifft. Wie macht man Schraffuren? Wie erzeugt man Licht und Schatten? Wie bekommt man Glanz in die Zeichnung? Wie funktioniert die Perspektive und welche Varianten gibt es? Das sind nur vier Beispiele der am häufigsten gestellten Fragen.
In diesem Buch findet ihr die Antworten auf diese Fragen. Ihr seht viele zeichnerische Tipps und Tricks, die es euch ermöglichen, eure Zeichnungen noch besser zu machen. Und ihr könnt kreative Herangehensweisen entdecken, welche Bilder mit überraschenden Effekten erzeugen. Also nehmt eure Bleistifte und Papier und macht gleich mit bei der Reise durch die Welt der kreativen Zeichentechniken. Ich wünsche euch dabei viel Spaß und originelle Einfälle!

Euer

Gecko Keck

Schwierigkeitslevel

★☆☆ LEICHT

★★☆ MITTEL

★★★ SCHWER

GRUNDKURS

Bevor es mit dem Zeichnen einzelner Motive losgeht, erfährst du in diesem Grundkurs eine Menge über die Grundtechniken des Zeichnens. Darüber hinaus bekommst du Einblicke in interessante kreative Zeichenmethoden, welche du vielleicht noch nicht kennst. Einige davon sind ganz einfach und du wirst staunen, wie schnell du damit besondere gestalterische Effekte erzielen kannst.

Materialübersicht:

- Weißes Papier, A4
- Bleistifte (Härtegrad von HB bis 5B – mittelhart bis sehr weich)
- Radiergummi
- Spitzer

Auch noch nützlich:

- Zirkel
- Lineal und Schablone
- Handy oder Fotoapparat

F2
Horizont
Horizont
F2

SPIELERISCHER EINSTIEG

Gerade bei kreativen Zeichentechniken und Gestaltungsvarianten ist es wichtig, dass man sich sowohl vom Kopf her als auch von der Hand frei und locker macht. Ähnlich wie beim Sport fallen einem die Dinge beim Zeichnen so in der Folge leichter, wenn man sich zuerst gedanklich und körperlich gelockert und aufgewärmt hat.

Materialtest

Die kleinere Abbildung zeigt dir einige Striche, die mit sehr viel Druck und schnell gezeichnet wurden. So testest du dein Material und siehst beispielsweise, wie schwarz die Linien deines Bleistifts werden können.

TIPP

Augen zu und durch

Wenn du dich gedanklich nicht gleich auf das Kritzeln einstellen kannst, dann schließe die Augen und zeichne mit geschlossenen Augen weiter. Versuche auch schnell zu zeichnen, ohne jeden Strich zu kontrollieren.

Anfangen

Nimm ein Blatt Papier und fang einfach an zu kritzeln, so wie es auf dieser Seite zu sehen ist. Variiere dabei den Zeichendruck und kritzle Formen und Linien, ohne weiter darüber nachzudenken.

Muster aus kleinen Rechtecken

strahlenförmige Linien

FLÄCHEN

Es gibt ganz unterschiedliche Arten, mit Bleistiften zu gestalten. Dazu gehören Flächen, wie du sie hier auf dieser Doppelseite siehst. Dabei werden die einzelnen Flächen – ähnlich wie beim Malen – so dicht mit Bleistift gefüllt, dass nahezu keine einzelnen Linien mehr sichtbar sind. Diese Flächen können wiederum mit viel oder wenig Zeichendruck gezeichnet werden, sodass Abstufungen von hell bis dunkel entstehen.

Hart oder weich
Neben dem Zeichendruck spielt auch der Härtegrad des Bleistifts beim Gestalten von Flächen eine entscheidende Rolle. Mit einem weichen Bleistift kannst du dunklere Flächen erstellen als mit einer härteren Mine.

Härtegrad HB **Härtegrad 3B**

> **TIPP**
>
> **Abstand halten**
> Speziell bei den dunklen Flächen solltest du darauf achten, nicht mit dem Handballen oder den Fingern über die Flächen zu rutschen, da sie sonst verwischen.

Gleichmäßige Flächen
Nimm dir ein Motiv wie hier den Läufer und übe das flächige Gestalten. Versuche, dass dabei so wenig Linien oder Kanten wie möglich in den Flächen sichtbar werden.

SCHRAFFUREN

Das Thema Schraffuren hast du vielleicht auch in der Schule bereits gelernt. Bei Schraffuren geht es – im Gegensatz zu geschlossenen Flächen – darum, mithilfe eines Liniengeflechts den Eindruck einer Fläche zu erzeugen. Dabei können die parallel verlaufenden Linien mit unterschiedlichem Zeichendruck und in unterschiedlichen Abständen angelegt werden, je nachdem, welchen Effekt man erzielen möchte.

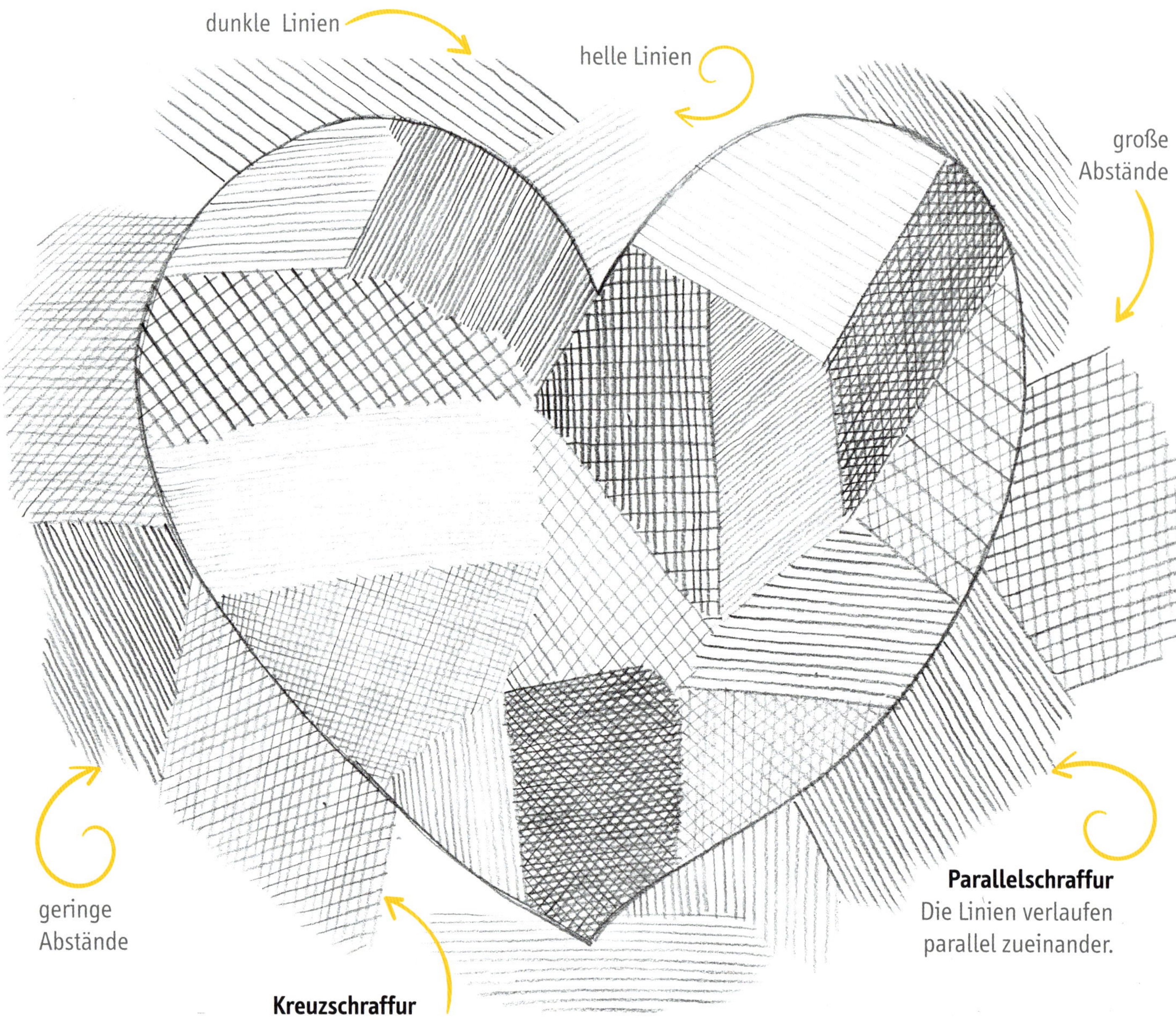

Ein Herz für Schraffuren
Anhand der Form eines Herzens sind hier unterschiedliche Schraffurtechniken dargestellt. Manchmal sind die Linien ganz hell und weit, manchmal überkreuzen sie sich, manchmal sind sie auch ganz dicht und dunkel.

Schnell oder langsam

Diese zwei geschwungenen Strecken an Schraffuren zeigen dir den Einfluss der Zeichengeschwindigkeit auf die Wirkung der Flächen. Perfekt gezeichnete parallele Linien sind nicht zwangsläufig besser.

FREIE SCHRAFFUREN

Dieses Buch ist entstanden, um alternativ zu den gängigen Techniken wie Parallelschraffuren oder Kreuzschraffuren, noch andere, kreativere Techniken darzustellen. Auf dieser Doppelseite findest du Schraffurtechniken, die sich grundsätzlich von denen der Seiten zuvor unterscheiden. Hier wurden die Schraffuren aus unterschiedlichen freien Liniengeflechten erstellt.

Kritzlige Vielfalt
Auch bei freien, gekritzelten Schraffuren kannst du unterschiedliche Techniken anwenden. In jeder Reihe wurde außerdem der Zeichendruck und die Dichte des Geflechts variiert.

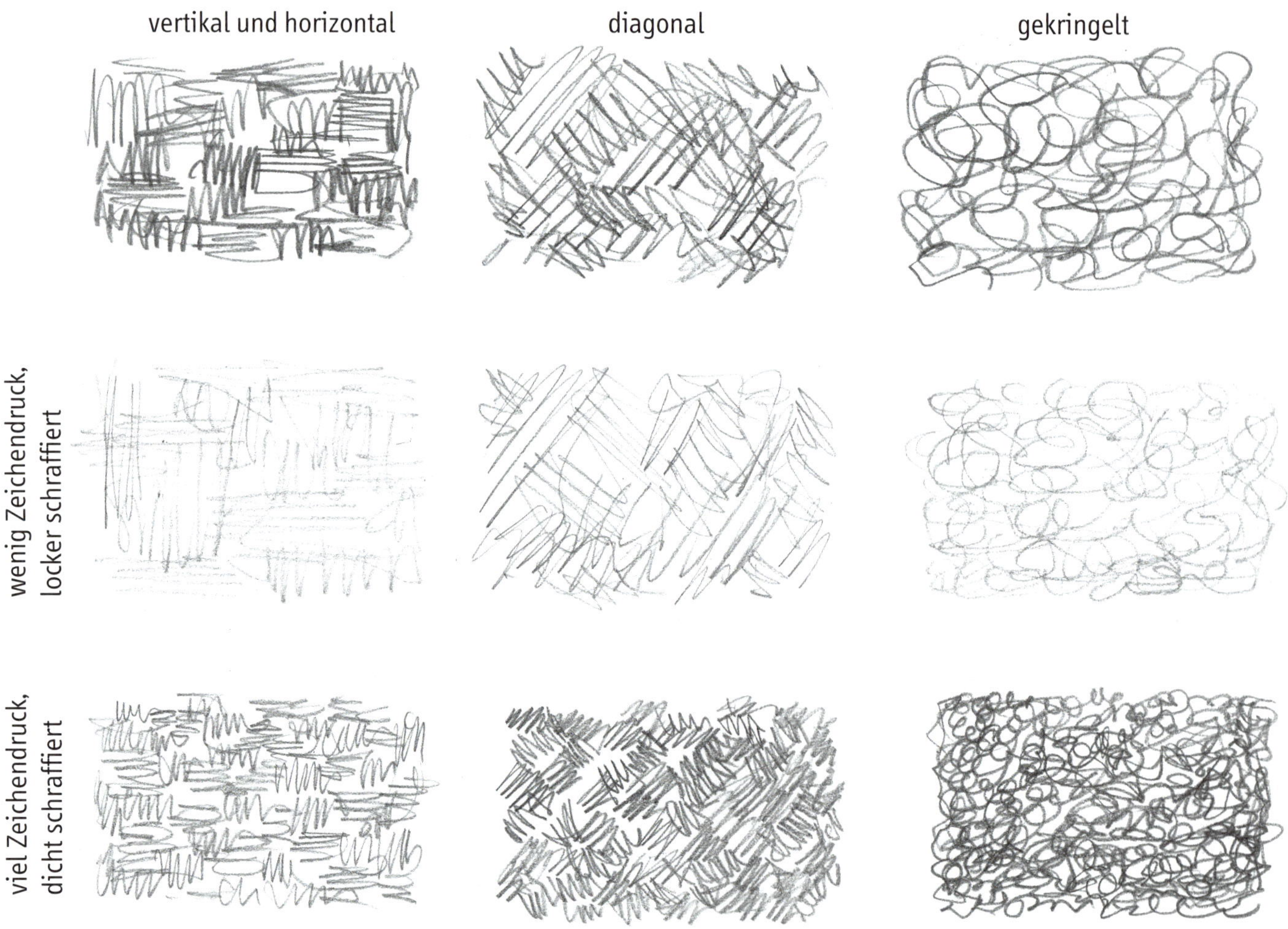

Wilde Linien

Anhand des galoppierenden Pferds siehst du, wie du freie Schraffuren einsetzen kannst. Dabei wurden bewusst die Konturlinien nicht genau eingehalten, sondern darüber gekritzelt.

TIPP

In Bewegung

Besonders bei Motiven, welche ein Lebewesen oder einen Gegenstand in Bewegung zeigen, eignen sich solche Techniken, da die Dynamik der gekritzelten Schraffuren sehr gut zu den Bewegungsabläufen passt.

FORMLINIEN

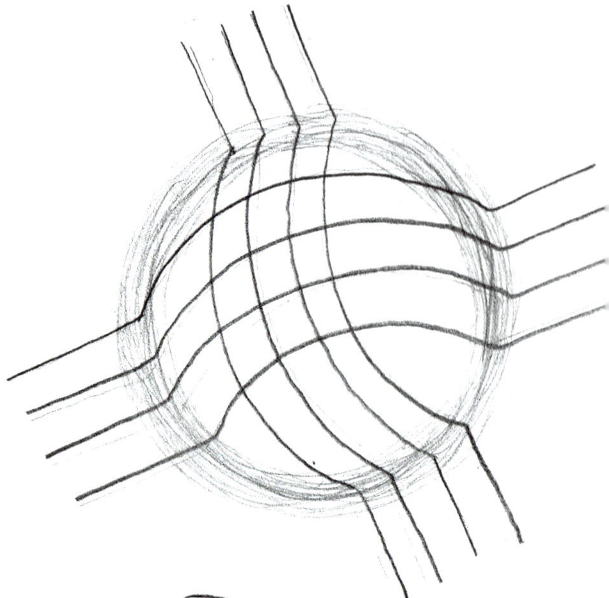

Es gibt noch eine weitere, an Schraffurtechniken angelehnte Gestaltungsvariante, nämlich die der sogenannten Formlinien. Im Gegensatz zu anderen Schraffuren, bei denen die Linien entweder gerade und parallel verlaufen oder, wie auf der vorigen Doppelseite, ganz frei gestaltet werden, beschreiben diese gebogenen oder geschwungenen Linien die Form des Körpers. Du zeichnest sozusagen die Biegungen oder Kanten der Form nach.

Zum Greifen nah
Die Abbildungen zeigen dir einige Beispiele, wie du Formlinien einsetzen kannst. Der Vorteil dieser Technik ist, dass die Formen, die man zeichnet, sehr plastisch und dreidimensional wirken, fast so, als ob sie sich tatsächlich aus dem Papier wölben.

Kante

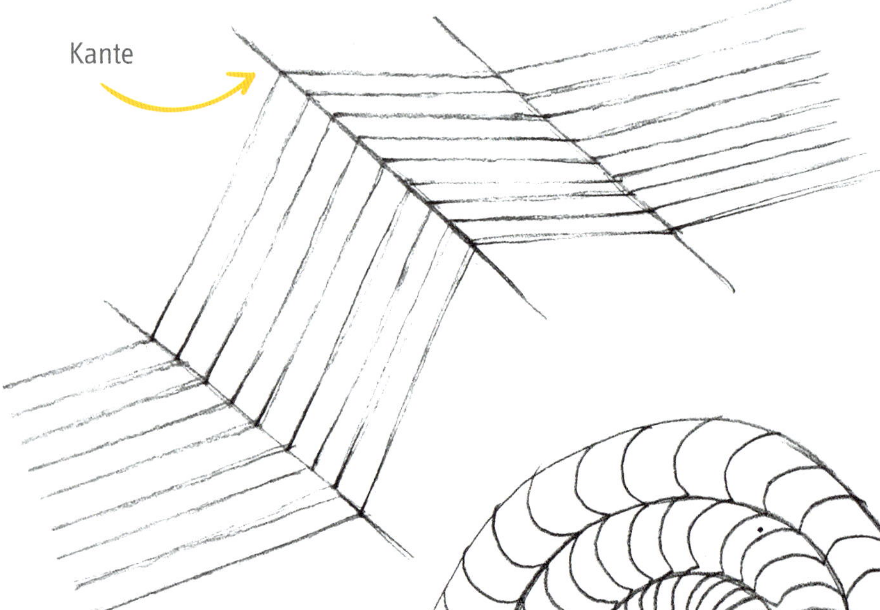

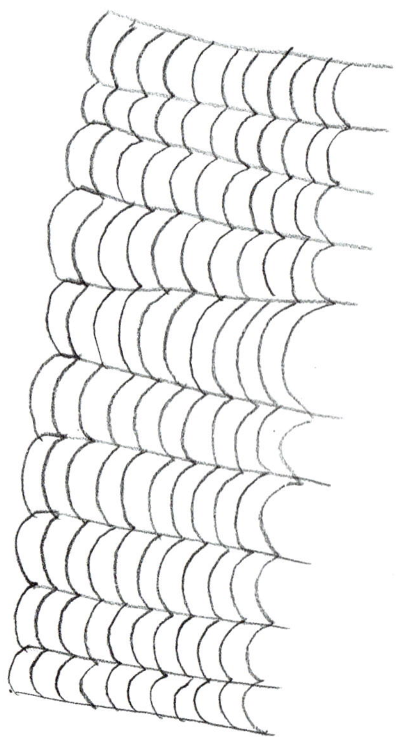

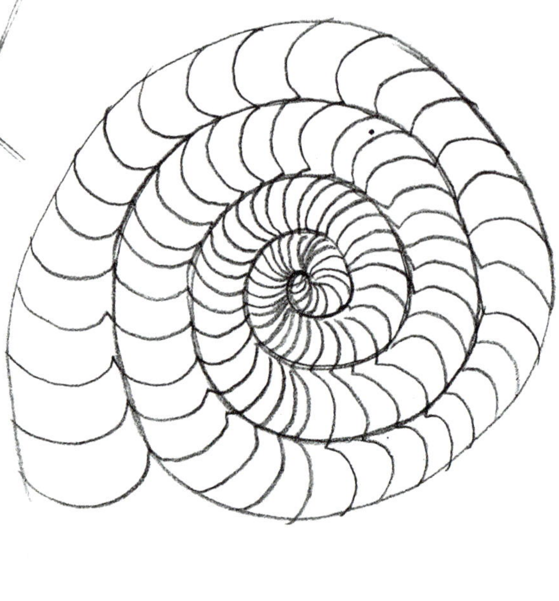

Schnecke

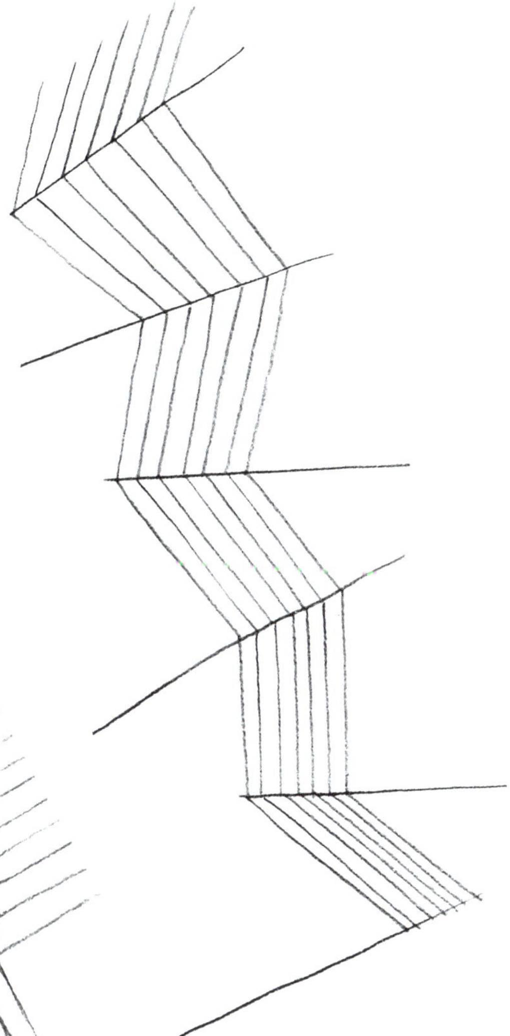

Kugel

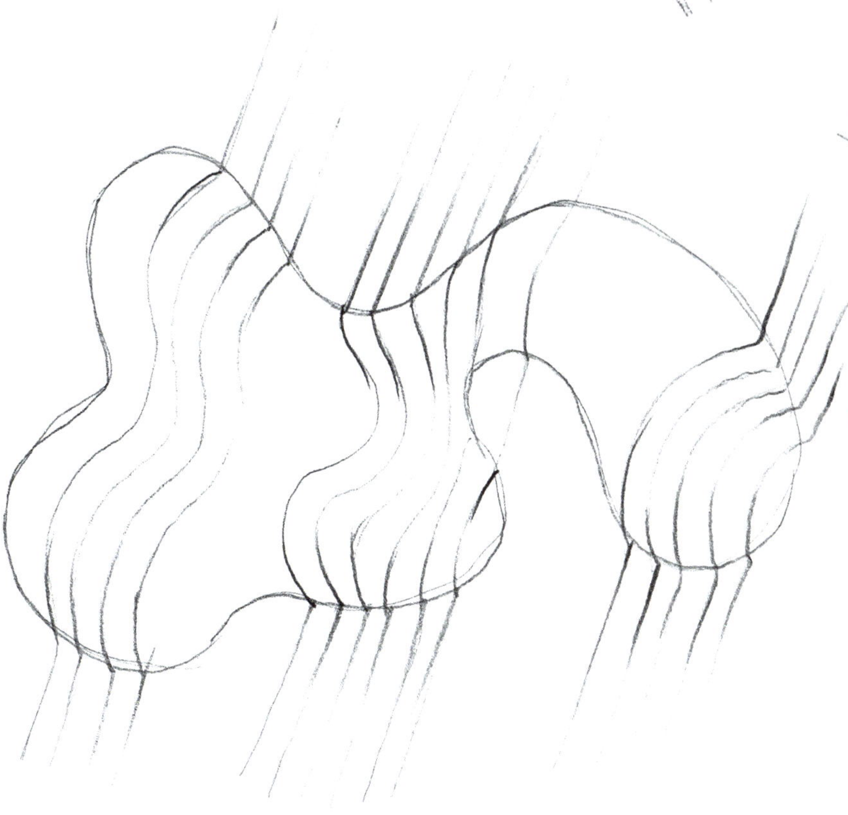

TIPP

Schraffurtechniken kombinieren
Diese Art, Körper darzustellen, funktioniert auch in Kombination mit anderen Schraffurtechniken, wie du sie auf den vorigen vier Seiten gesehen hast. Du kannst so deinen ganz eigenen Stil entwickeln.

PUNKTE UND VERLÄUFE

Das abgebildete Motiv ist eine Zusammenfassung der Themen von den vorigen Seiten. Zusätzlich gibt es hier noch zwei weitere Techniken zu entdecken.

Bei der einen Technik handelt es sich um Verläufe: Tonwertabstufungen von hell nach dunkel. Solche Verläufe solltest du immer wieder üben, da sie ein wichtiger Bestandteil vieler Zeichnungen sind.

Bei der zweiten Technik handelt es sich um sogenannte Dots (Punkte). Auch mit dieser Technik, je nachdem wie klein und dicht die Punkte gezeichnet sind, lassen sich Verläufe und Helldunkelkontraste erzeugen.

TIPP

Punkt für Punkt
Übe Dots in ganz unterschiedlichen Größen zu zeichnen, sodass du die Punktgrößen und die Abstände in den Griff bekommst. Die Technik ist etwas mühsam, aber dafür umso effektvoller.

Ich bin selbst fast nur ein Dot.

Karomuster
Formlinien

LINIEN UND KONTUREN

Neben Schraffuren und Flächen sind natürlich auch Linien und Konturen ein wichtiges Stilmittel beim Zeichnen. In diesem Buch beschäftigen wir uns mit einer ganz speziellen Linientechnik, der One-Line-Technik. Bei dieser Technik wird ein Motiv nur mithilfe einer einzigen Linie, also ohne Unterbrechung, gezeichnet. Du kennst das Prinzip vielleicht vom Zeichenspiel „Haus des Nikolaus“.

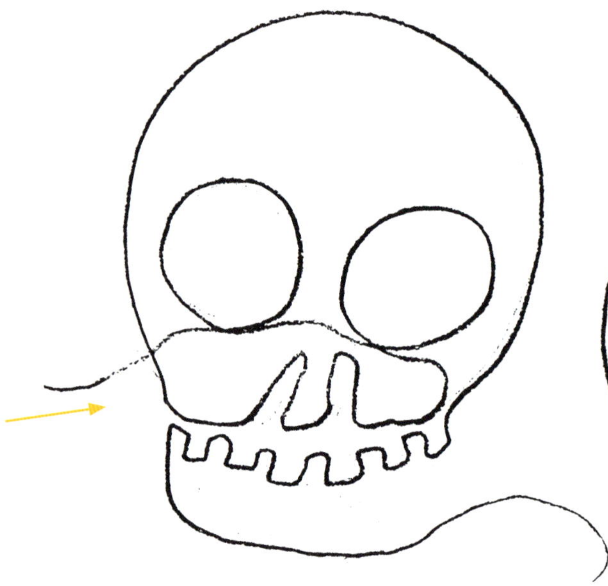

Eine Linie für alles

Hier siehst du einige erste One-Line-Zeichnungen. Die Motive sind alle nur mit jeweils einer einzigen Linie gezeichnet. Du kannst dies nachvollziehen, indem du die Linie vom Startpunkt zum Endpunkt verfolgst.

TIPP

Wer die Wahl hat
One-Line-Technik geht einerseits sehr schnell, andererseits gelingt sie nicht immer direkt beim ersten Mal. Deshalb ist es sinnvoll, von einem Motiv mehrere Varianten zu zeichnen, sodass du am Ende die beste auswählen kannst.

Zum Üben
Die Abbildung zeigt dir verschiedene Liniengeflechte zur Übung der One-Line-Technik. Jedes einzelne Element ist auch hier mit nur einer zusammenhängenden Linie gezeichnet.

VERWISCHEN UND RADIEREN

Du hast auf den zurückliegenden Seiten bereits einige Techniken gesehen, mit deren Hilfe sich feine Helldunkelabstufungen darstellen lassen. Auf dieser Doppelseite siehst du eine weitere Variante, welche noch feinere stufenlose Verläufe ermöglicht. Das Verwischen von Bleistiftlinien oder -flächen, was manchmal ungewollt unschöne Flecken hinterlässt, kann dafür ganz gezielt eingesetzt werden.

radierte Linien

Wisch und weg

Unter den Ausgangsformen der Fläche, ist die gleiche Fläche zu sehen, nachdem sie mit den Fingern verwischt wurde. Du siehst, dass so ganz feine Abstufungen in Grau erzeugt wurden. Auf der verwischten Fläche können dann wiederum Linien einradiert werden.

Ausgangsflächen

Verwischte Flächen

Körper in Bewegung

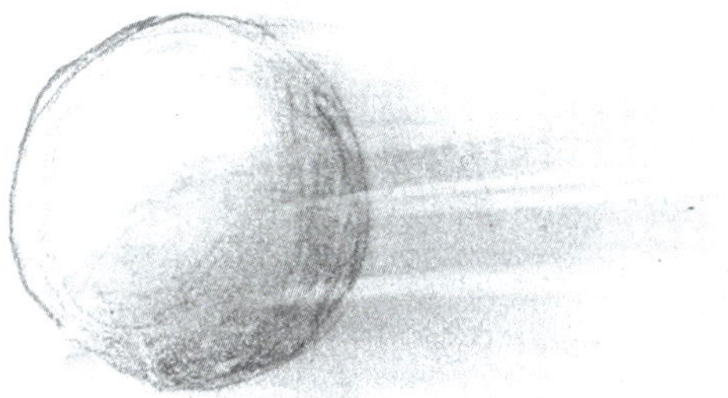

TIPP

Meisterhaft radieren
Die Technik des Radierens lässt sich immer weiter verfeinern. Mit etwas Geschick kannst du dabei viele helle Bildelemente oder auch Glanzflächen erzeugen.

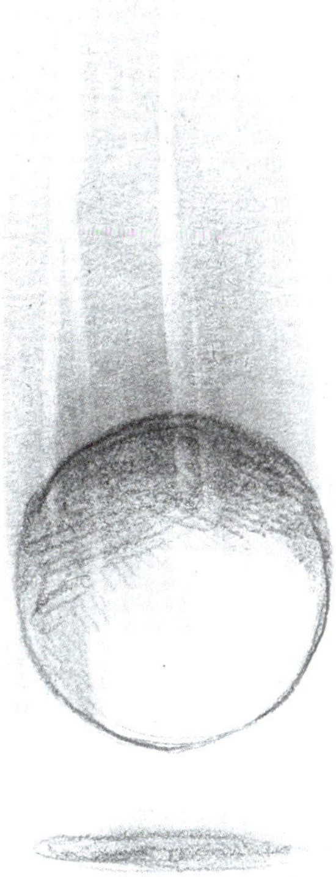

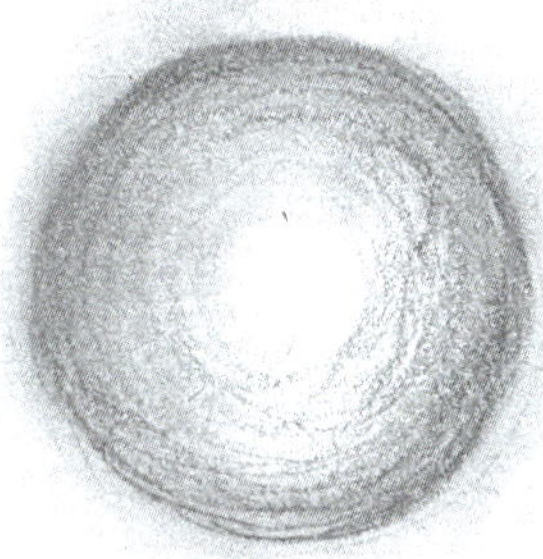

Tolle Effekte
Das Verwischen eignet sich besonders für Objekte in Bewegung wie hier die Kugeln oder der Quader. Auch zum feinen Abstufen ist die Technik prima wie am Beispiel der beleuchteten Kugel und des Astes zu sehen ist. Die Szene mit den Segelbooten zeigt dir, wie du die Radiertechnik einfach nutzen kannst. Die Segel der Boote wurden ausradiert.

Sonne und Vögel

LICHT UND SCHATTEN

Zum Thema Licht und Schatten wirst du im weiteren Verlauf des Buches noch einige Motive sehen, deshalb hier schon mal eine kurze Einführung. Da Schatten, je nach Komplexität des Körpers, sehr unterschiedlich und vielschichtig ausfallen können, betrachten wir das Ganze zunächst mithilfe einfacherer Körper und klar definierter Richtung des Lichts.

Helldunkel

Die Richtung, aus der das Licht auf die Körper fällt, ist mithilfe von Pfeilen dargestellt. Es gilt dabei, dass die Seiten, auf die das Licht fällt, hell (weiß) dargestellt werden, während die vom Licht abgewandten Seiten dunkel dargestellt werden. Der Schatten, den der Körper auf einer Fläche erzeugt, wird ebenfalls dunkel dargestellt.

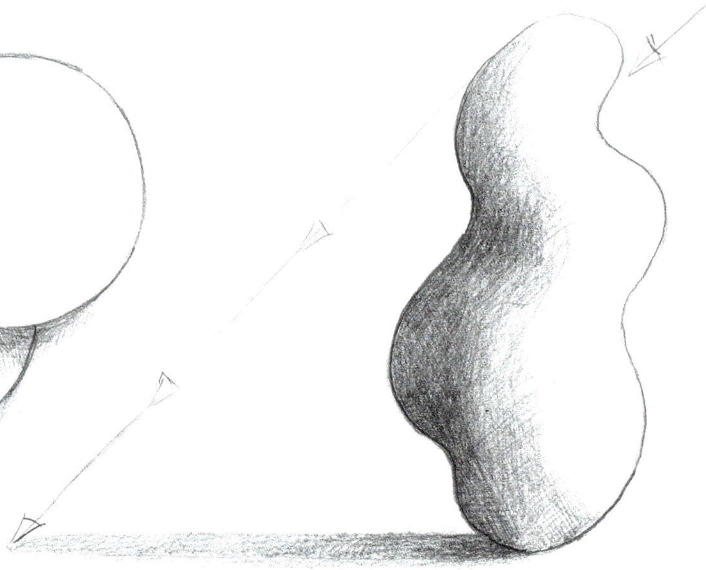

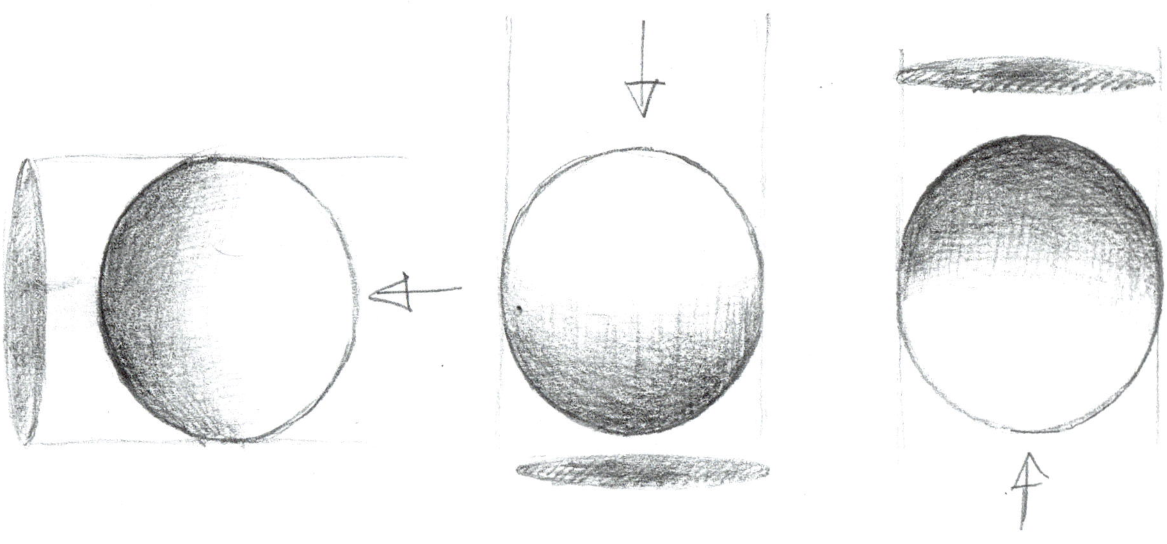

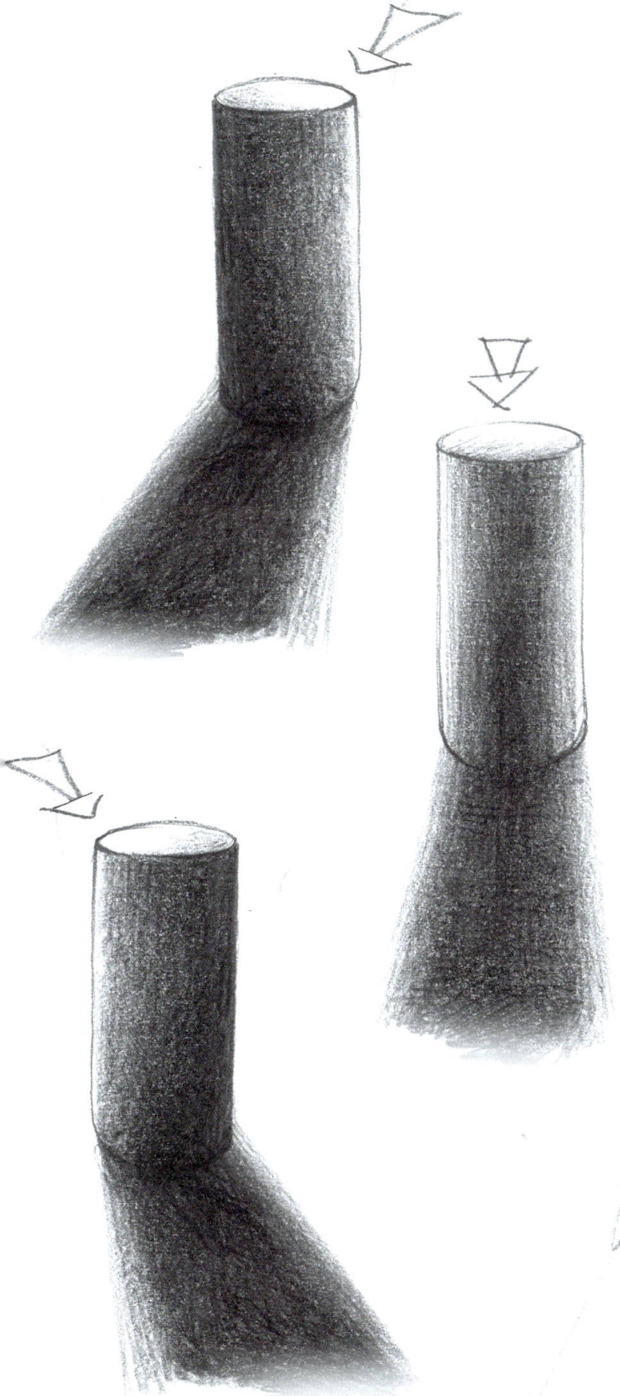

Spezielle Schatten

Bei den drei Zylindern kommt das Licht jeweils von hinten oder schräg von hinten. Man betrachtet sie also von der dem Licht abgewandten Seite. Bei dem großen unförmigen Körper fallen die Lichtstrahlen nicht parallel auf das Objekt, wodurch der Schatten am Boden größer wird.

TIPP

Mir geht ein Licht auf

Wenn du dir unsicher beim Verlauf der Schatten und deren Darstellung bist, versuche die Situation real zu simulieren. Nimm eine Lampe und leuchte die Figur oder den Gegenstand an, die du zeichnen möchtest, um die Schatten studieren zu können.

GLANZEFFEKTE

Fast alle bisher beschriebenen Techniken dienen dazu, Motive so effektvoll wie möglich darzustellen. Dabei sind gerade Schraffuren und Verläufe, Schattierungen und Licht und Schatten sehr hilfreich.
Zeichnest du ein Motiv mit glatter oder glänzender Oberfläche, so gilt es, diesen Glanz darzustellen. Was sich schwierig anhört, ist im Grunde eher einfach.

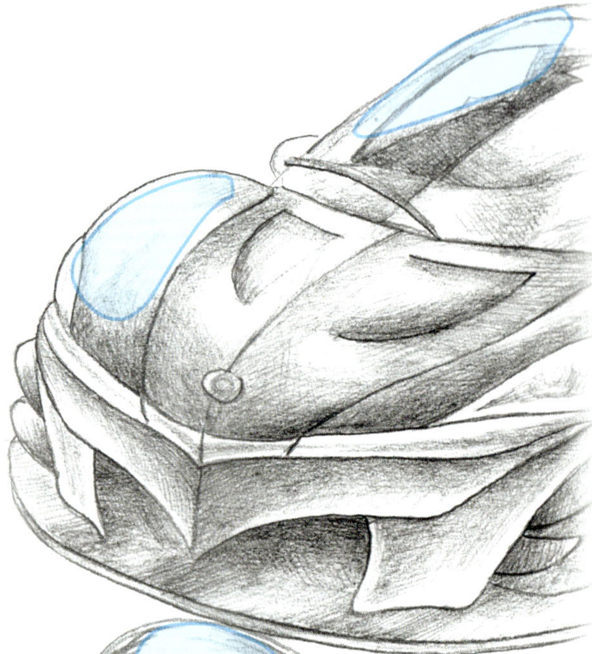

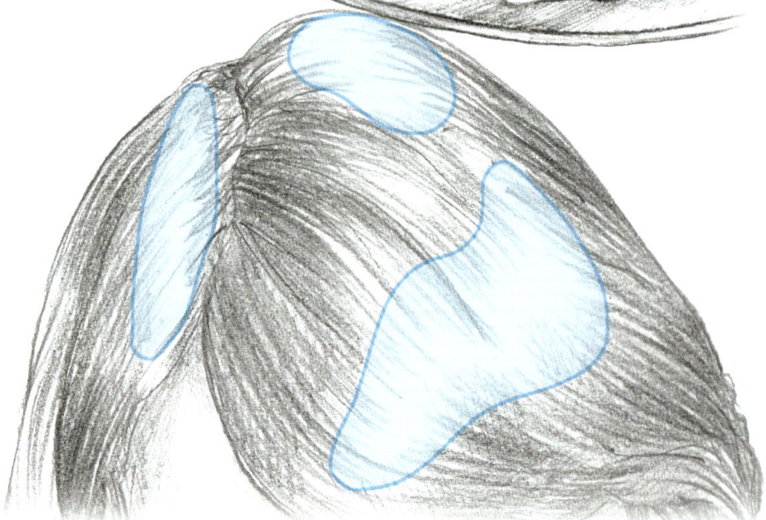

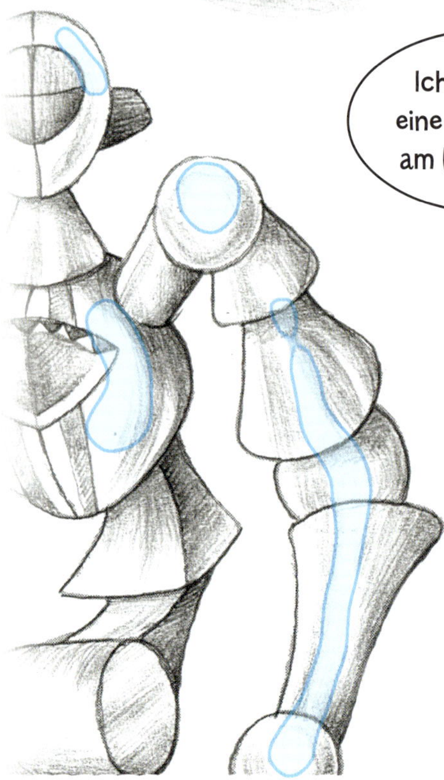

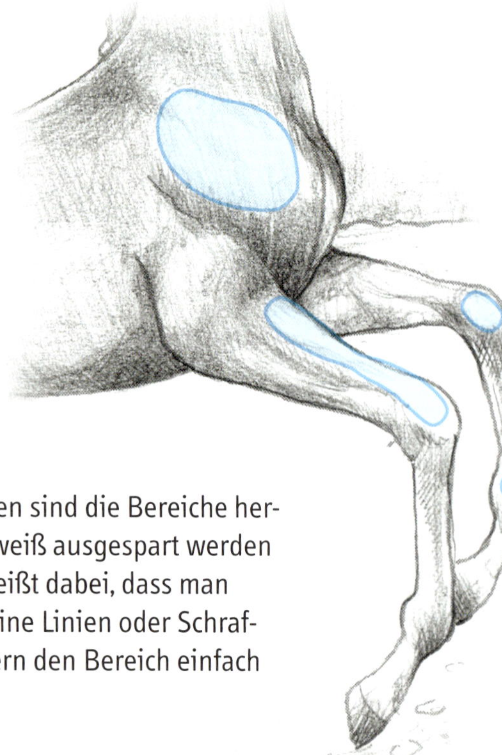

Glanzflächen
Mit den blauen Flächen sind die Bereiche hervorgehoben, welche weiß ausgespart werden sollten. Ausgespart heißt dabei, dass man keine oder nahezu keine Linien oder Schraffuren anbringt, sondern den Bereich einfach weiß lässt.

Einfach aussparen
Die Abbildungen zeigen dir verschiedene Ausschnitte von Motiven, bei denen Glanz eine wichtige Rolle spielt, sei es bei einer Metallkugel, bei Haaren oder auch dem Fell eines Pferds. Dabei wird deutlich, was letztendlich einfach den Glanz erzeugt: das weiße Aussparen der Flächen, die den Glanz darstellen.

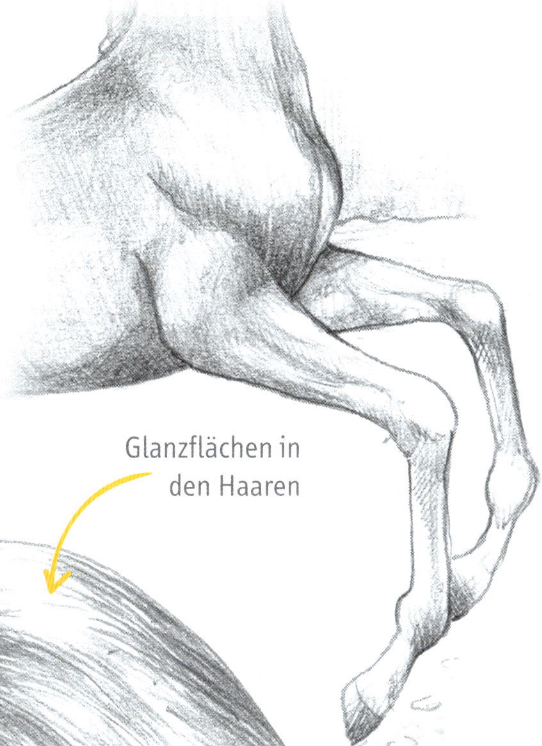

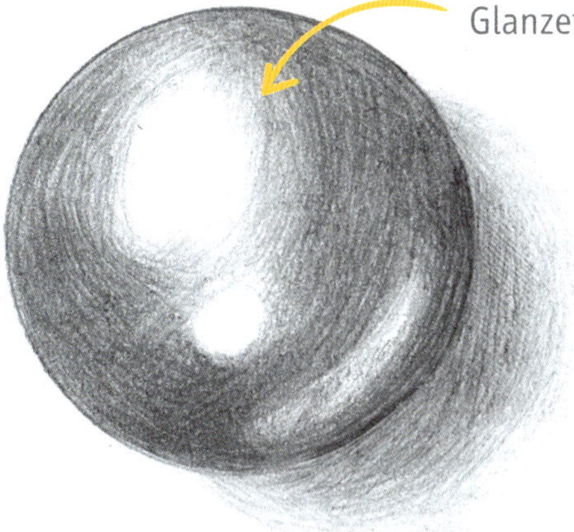

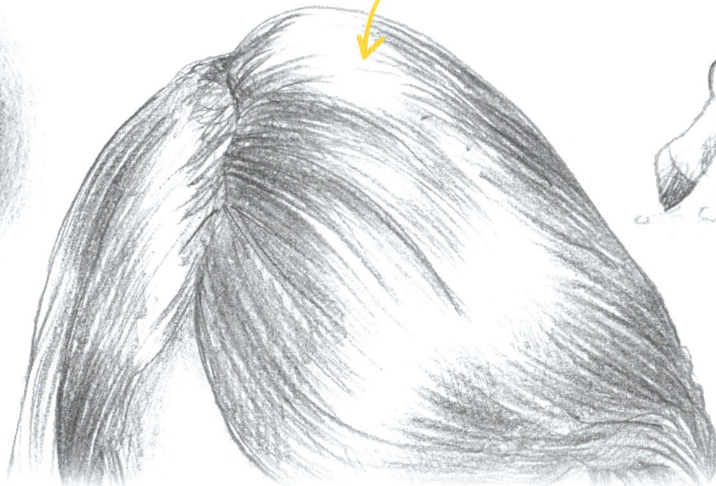

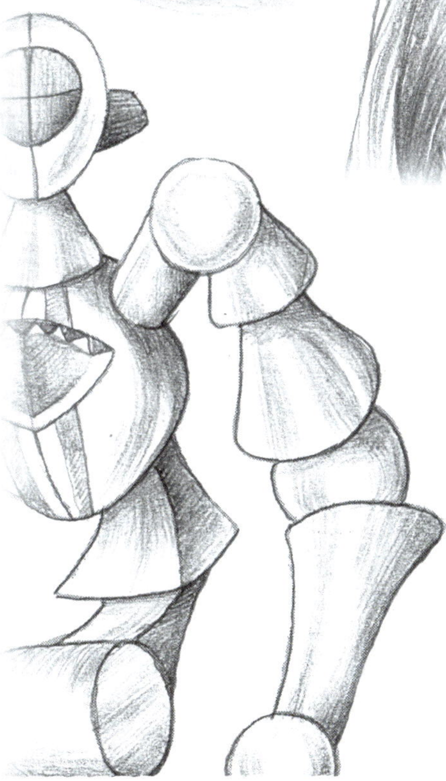

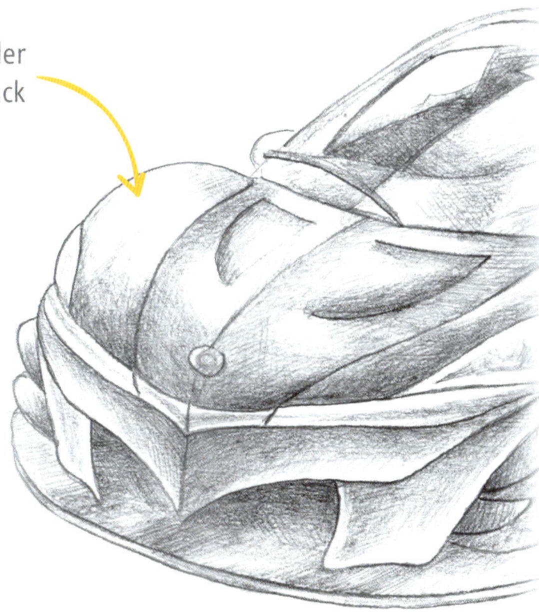

TIPP

Gut geplant
Wenn du ein Motiv zeichnest, bei dem Glanzflächen eine wichtige Rolle spielen, plane diese Glanzflächen vom ersten Strich an mit ein, damit du sie im weiteren Verlauf berücksichtigst und nicht überzeichnest.

STRUKTUREN

Auf das Thema Strukturen stößt man immer wieder beim Zeichnen. Man möchte einen Gegenstand aus Holz zeichnen, aber wie zeichnet man Holz? Oder wie gestaltet man nur die Schuppen eines Fischs? Zeichnet man Strukturen, simuliert man im Grund grafisch die tatsächliche Struktur, indem man Linien, Flächen und Oberflächen nachempfindet.

Gegen den Strich

Interessant ist es, Strukturen hin und wieder motivfremd einzusetzen, wie hier an dem Kopf der jungen Frau. Dadurch kannst du testen, wie gut dir die Strukturen gelingen und wie sie wirken.

TIPP **Vorbereitung ist alles**
Strukturen gelingen nicht immer auf Anhieb. Zeichnest du ein Motiv, bei dem Strukturen eine größere Rolle spielen, teste sie vielleicht vorab auf einem separaten Papier oder recherchiere im Internet, wie andere die Struktur dargestellt haben.

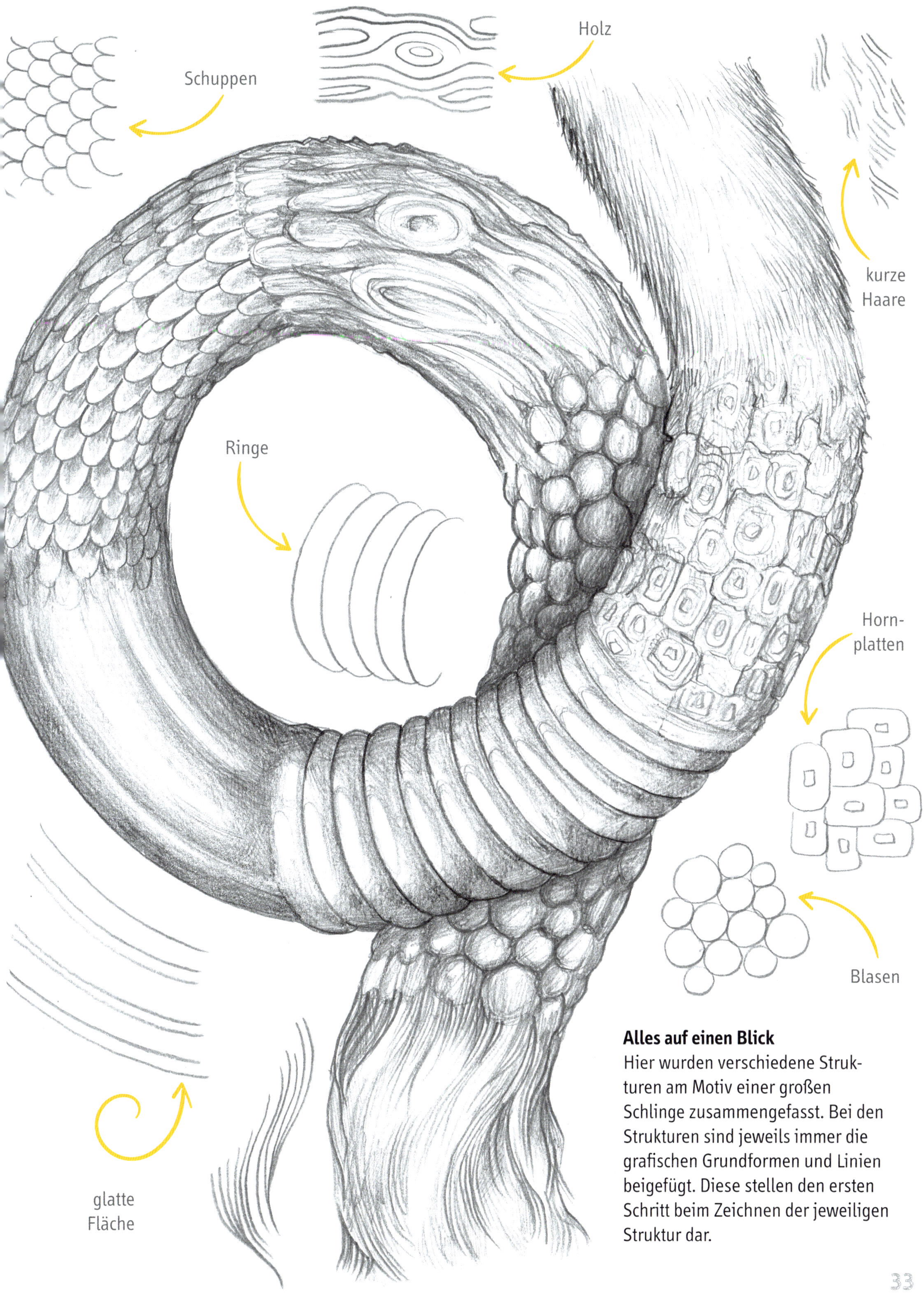

Alles auf einen Blick
Hier wurden verschiedene Strukturen am Motiv einer großen Schlinge zusammengefasst. Bei den Strukturen sind jeweils immer die grafischen Grundformen und Linien beigefügt. Diese stellen den ersten Schritt beim Zeichnen der jeweiligen Struktur dar.

STRUKTUREN ABREIBEN

Wenn dir das Zeichnen von Strukturen noch etwas schwerfällt, gibt es alternative Techniken, die es dir sehr erleichtern können. Die Strukturen auf dieser Doppelseite wurden mit der sogenannten „Abreibetechnik" (Fachbegriff „Frottage") gemacht. Dabei legt man ein Blatt Papier auf die Struktur, die man haben möchte, und fährt mit dem Bleistift flach darüber, sodass sich die Struktur auf dem Papier abzeichnet.

Genau übertragen
Hier siehst du einige Strukturen die überwiegend von Beton- oder Metallflächen abgenommen wurden. Deutlich zu sehen sind dabei die Fugen, Löcher oder Rillen.

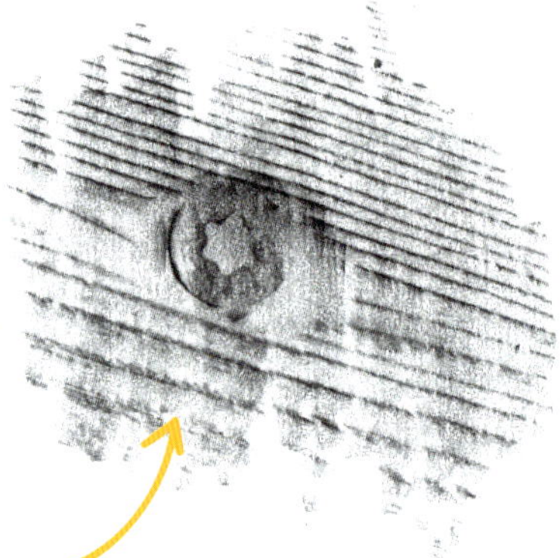

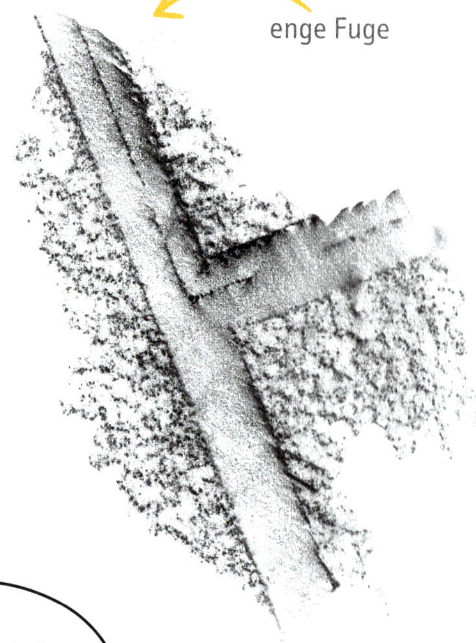

TIPP

Harte Sache
Nicht jede Struktur eignet sich für diese Technik. Am besten sind feste oder klar umrissene Oberflächen mit einer eindeutigen Struktur. Ist das Objekt eher weich wie ein Blatt, brauchst du eine feste Unterlage beim Frottieren.

Ganz natürlich

Im Gegensatz zu der Darstellung auf der gegenüberliegenden Seite, wurden hier nur organische Strukturen wie Blätter, Zweige, Holz oder Rinde abgenommen.

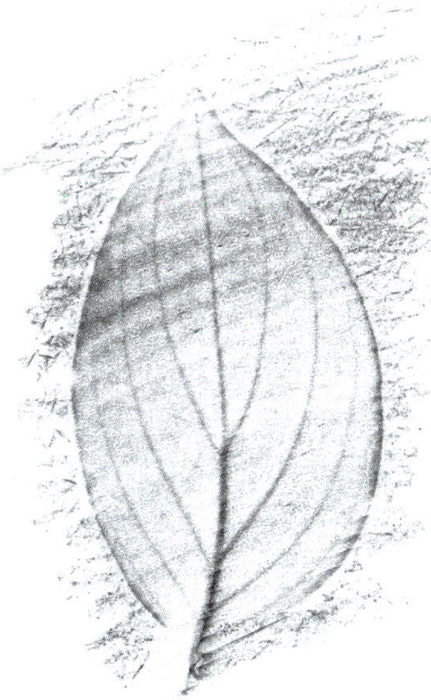

Ausarbeitung

Die abgeriebenen Strukturen kannst du später zeichnerisch weiterarbeiten und sie dabei auch losgelöst von der Vorlage kreativ gestalten.

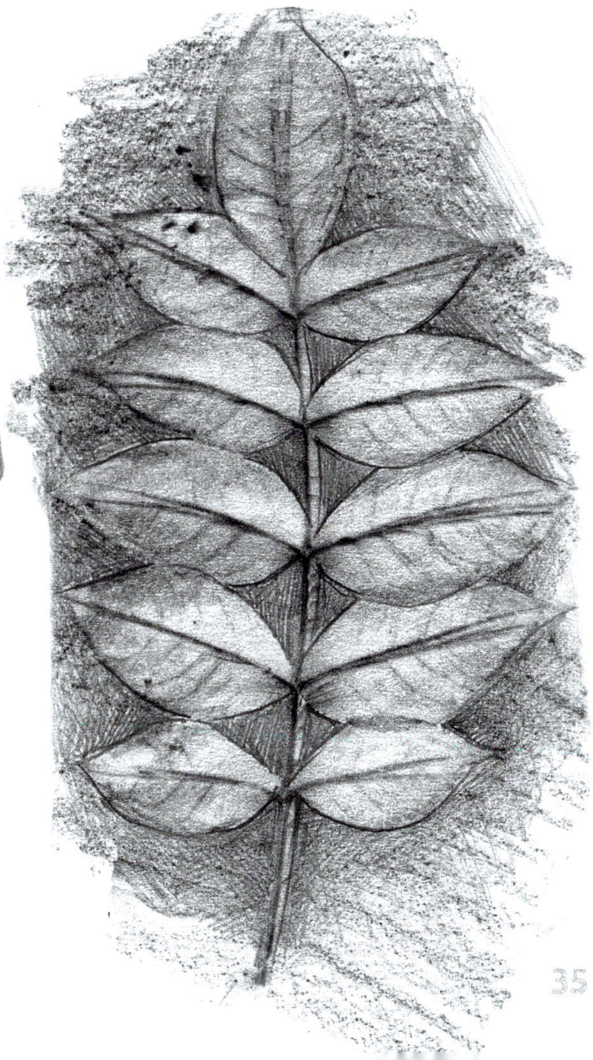

KREISE

Wer einen Kreis freihand sauber zeichnen kann, bekommt am Ende auch alle anderen Übungen und Techniken gemeistert. Darüber hinaus eignen sich Kreise sehr gut, um die verschiedensten Techniken und kreativen Varianten auszuprobieren. Übe deshalb regelmäßig das Zeichnen von Kreisen!

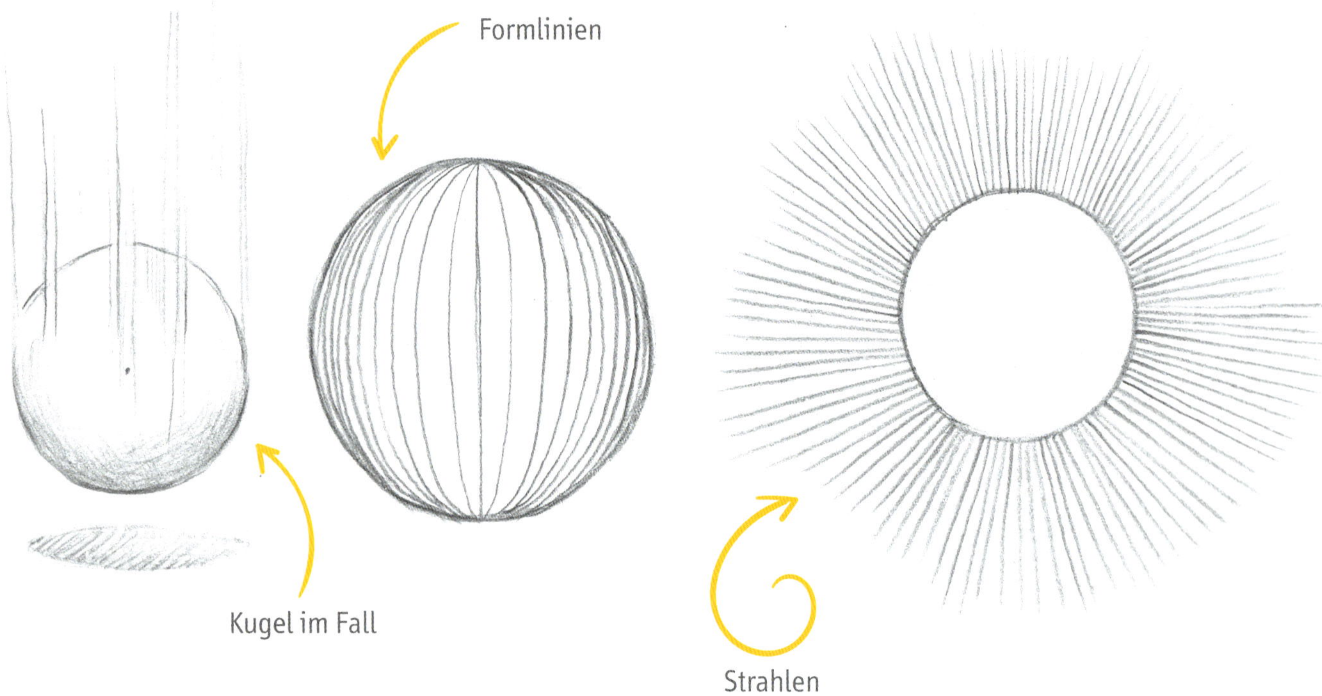

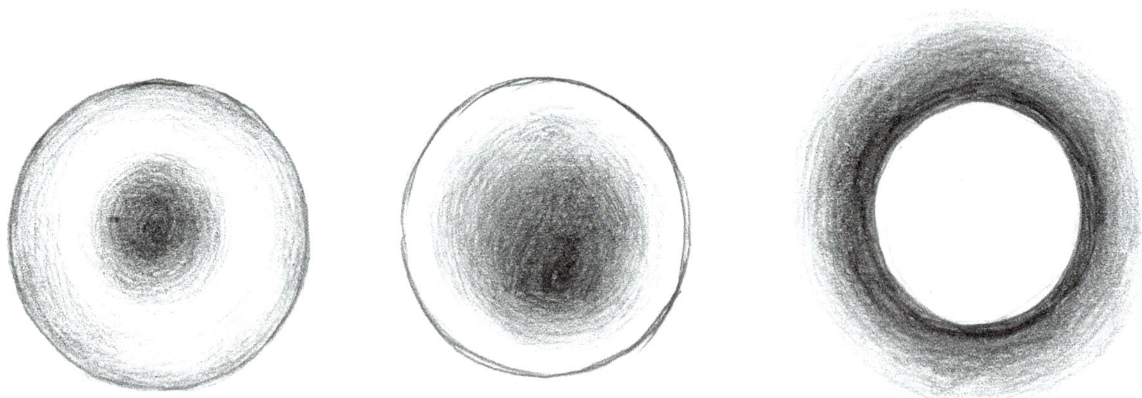

Wiederholung
Auf dieser Doppelseite ist noch einmal fast alles von dem zusammengefasst, was wir an Techniken und Gestaltungsvarianten im Grundkurs besprochen haben. Zeichne deshalb selbst auch ein Blatt voll mit Kreisen und spiele alles einmal durch.

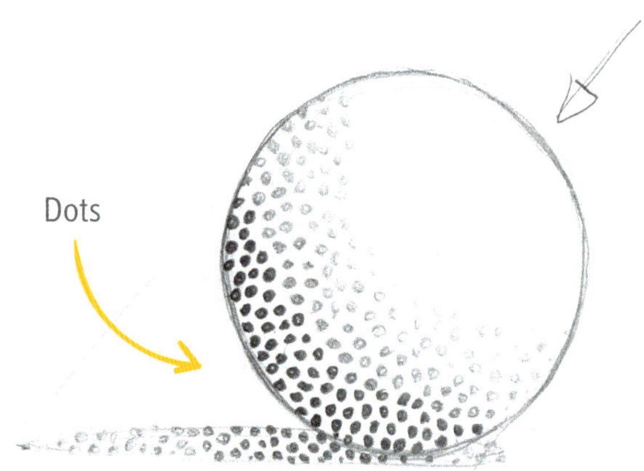

TIPP

Ein Frage der Perspektive

Wenn du Kreise zeichnest, nimm das Blatt ab und zu vom Tisch und blicke direkt im rechten Winkel darauf. Zeichnest du an einem Tisch, kann es sonst passieren, dass durch den schrägen Blick auf das Blatt die Zeichnung leicht verzerrt.

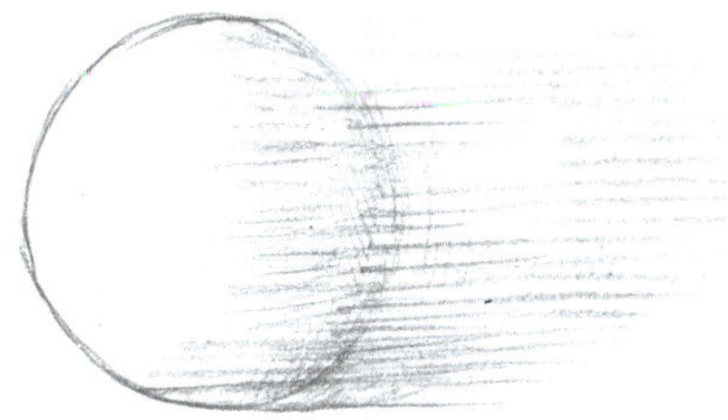

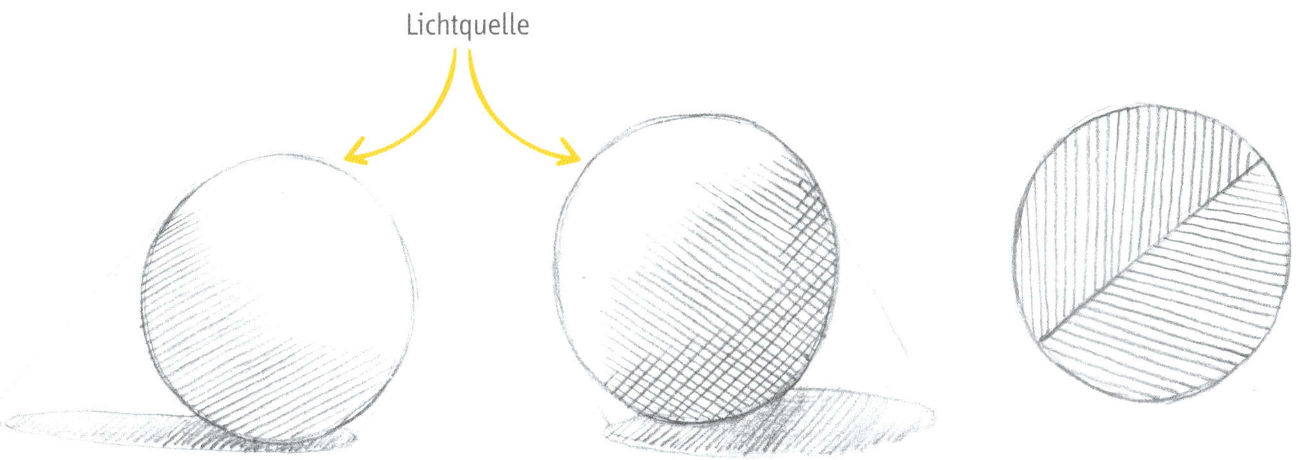

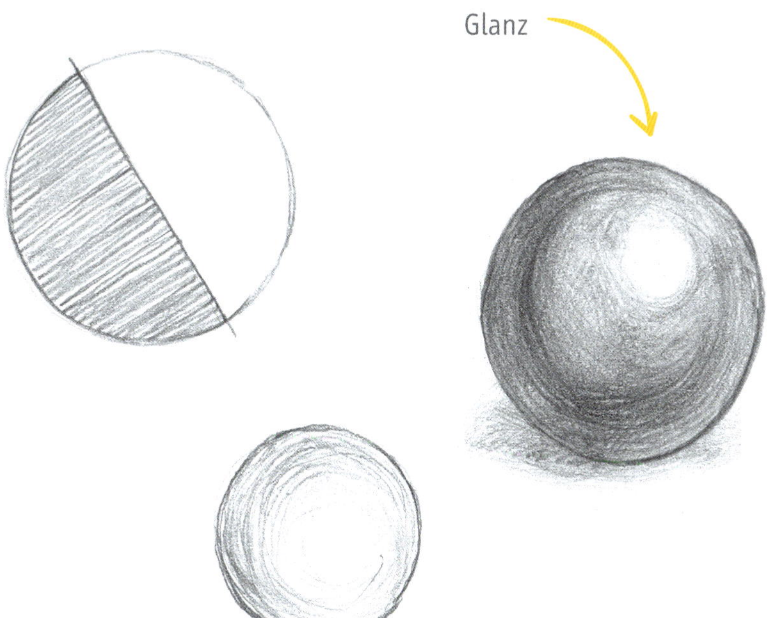

PERSPEKTIVE

Fast zum Abschluss des Grundkurses beschäftigen wir uns noch mit dem Thema Perspektive. Einerseits ist es ein teilweise ungeliebtes Thema, da es oftmals schwierig erscheint, die perspektivischen Zusammenhänge zu greifen. Andererseits ist es ein faszinierendes Thema, da es beim Zeichnen ganz neue, umfassendere zeichnerische Möglichkeiten eröffnet.

Es gibt vier grundsätzlich verschiedene perspektivische Darstellungsformen.

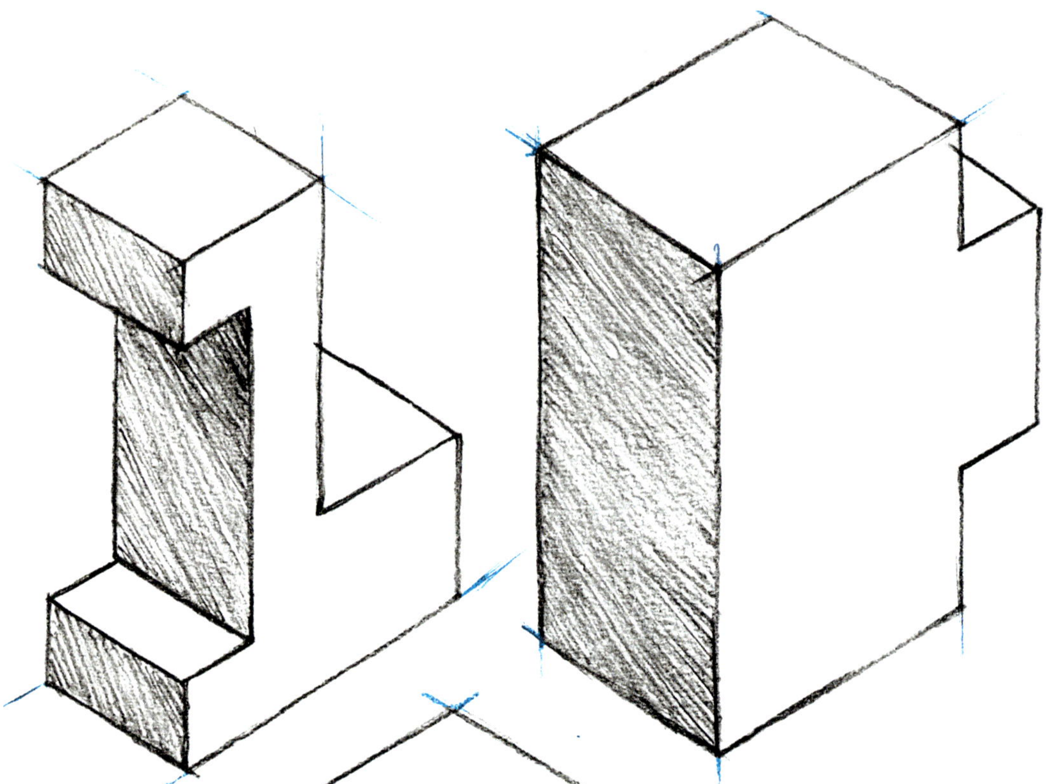

Isometrie
Die Isometrie ist die einfachste Form der Perspektive. Sie bedeutet, dass alle sich gegenüberliegenden Linien parallel verlaufen.

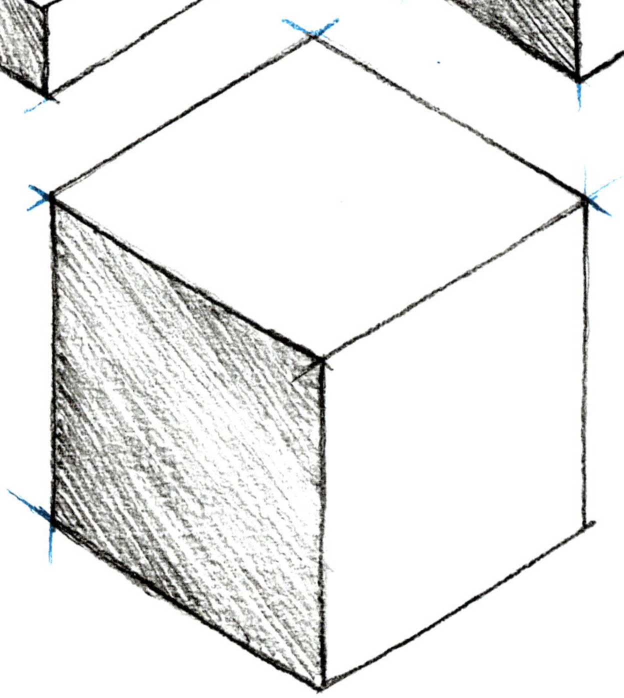

TIPP

Perspektiven erkennen
Anhand von Fotos von Gebäuden oder Straßen kannst du analysieren, welche Perspektiven darauf zu erkennen sind. Wenn du die Perspektive in einer realen Situation erkannt hast, fällt es dir auch deutlich einfacher, sie zu zeichnen.

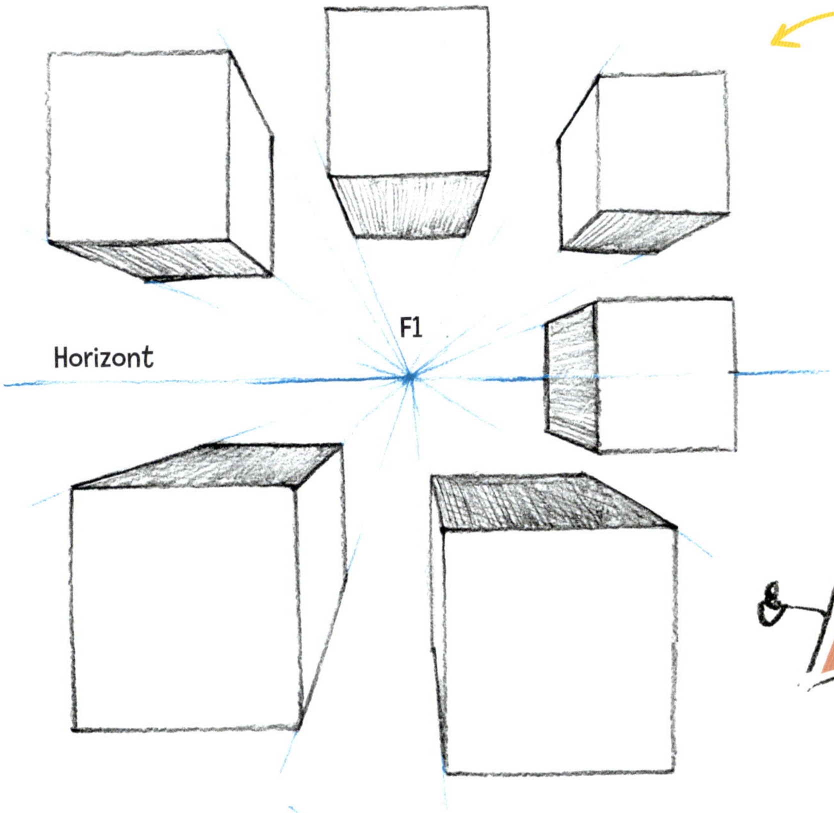

Ein-Punkt-Perspektive
Alle im Raum nach hinten verlaufenden Linien fluchten in einem Punkt auf dem Horizont. Senkrechte Linien bleiben senkrecht, waagrechte Linien bleiben waagrecht.

Drei-Punkt-Perspektive
Alle im Raum nach hinten, oben und unten verlaufenden Linien fluchten in drei Punkten auf dem Horizont. Senkrechte Linien fluchten nach unten, waagrechte Linien fluchten in einem der beiden Fluchtpunkte auf dem Horizont.

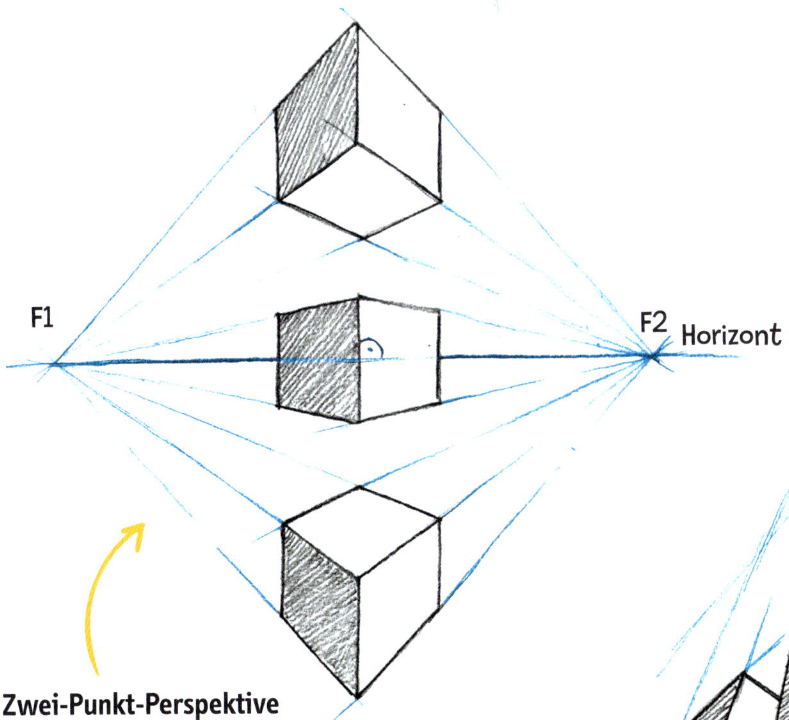

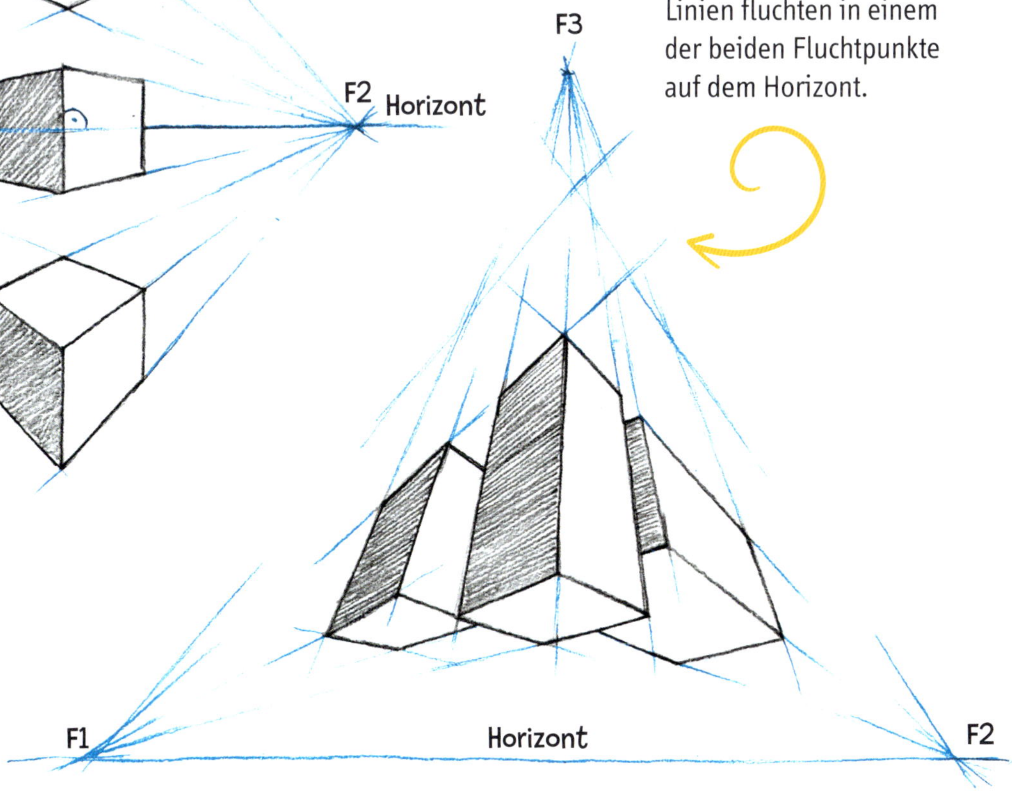

Zwei-Punkt-Perspektive
Alle im Raum nach hinten verlaufenden Linien fluchten in zwei Punkten auf dem Horizont. Senkrechte Linien bleiben senkrecht, waagrechte Linien fluchten in einem der Fluchtpunkte.

HILFSLINIEN

Das Zeichnen von Hilfslinien ist nahezu unabdingbar, egal um welche Art der Gestaltung es geht. Sie dienen dazu, sich bestimmte Sachverhalte vor Augen zu führen und so unnötige Fehler in den Zeichnungen zu vermeiden. Dies gilt sowohl für anatomische Darstellungen als auch für perspektivische Zeichnungen und freie oder abstrakte Gestaltungen.

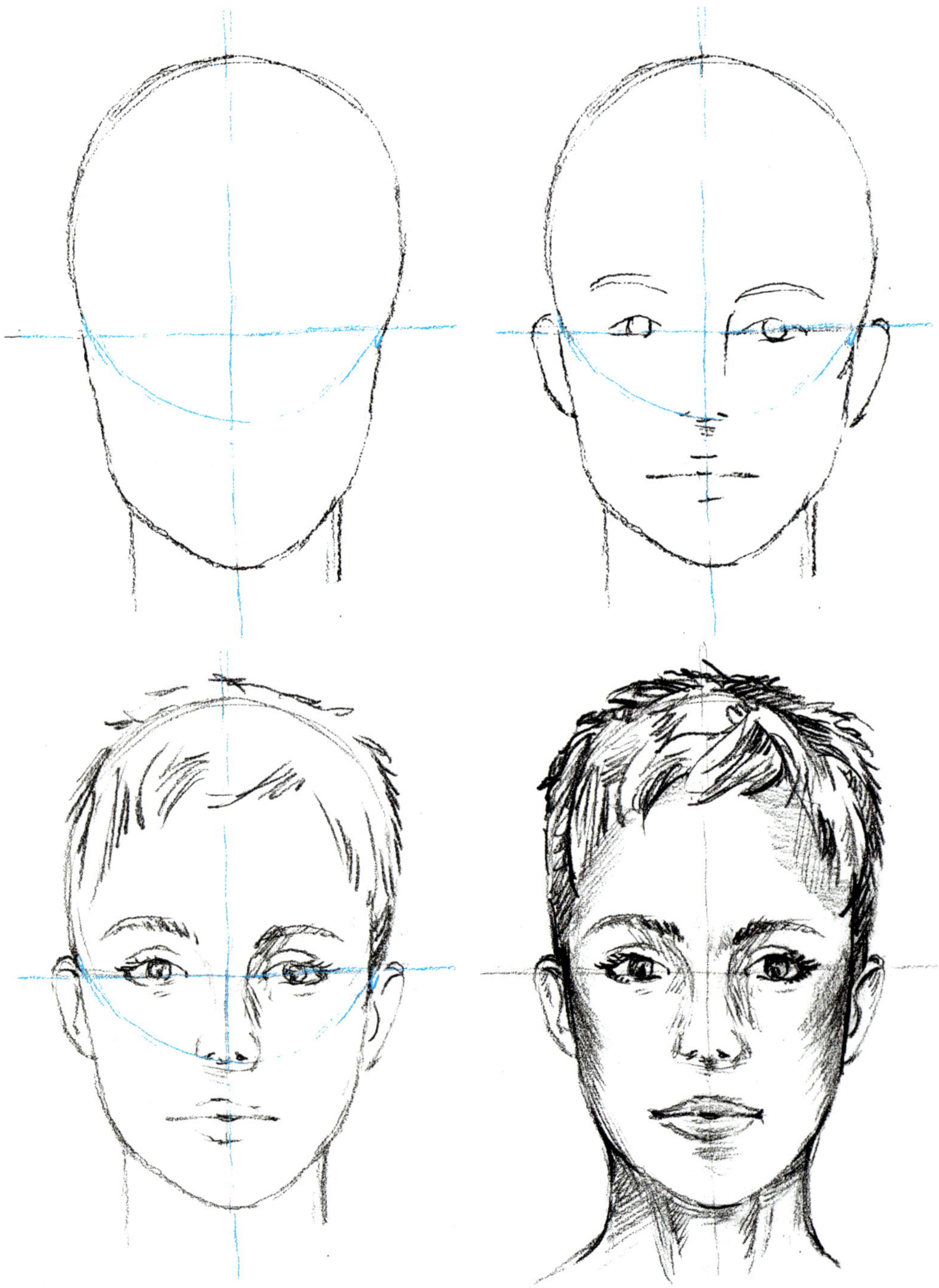

Hell und fein
Die Hilfslinien werden so hell gezeichnet, dass man sie kaum sieht, sie dennoch so fein und sichtbar sind, dass man sich daran orientieren kann. Sind die Hilfslinien ganz hell, ist es später nicht nötig, sie auszuradieren.

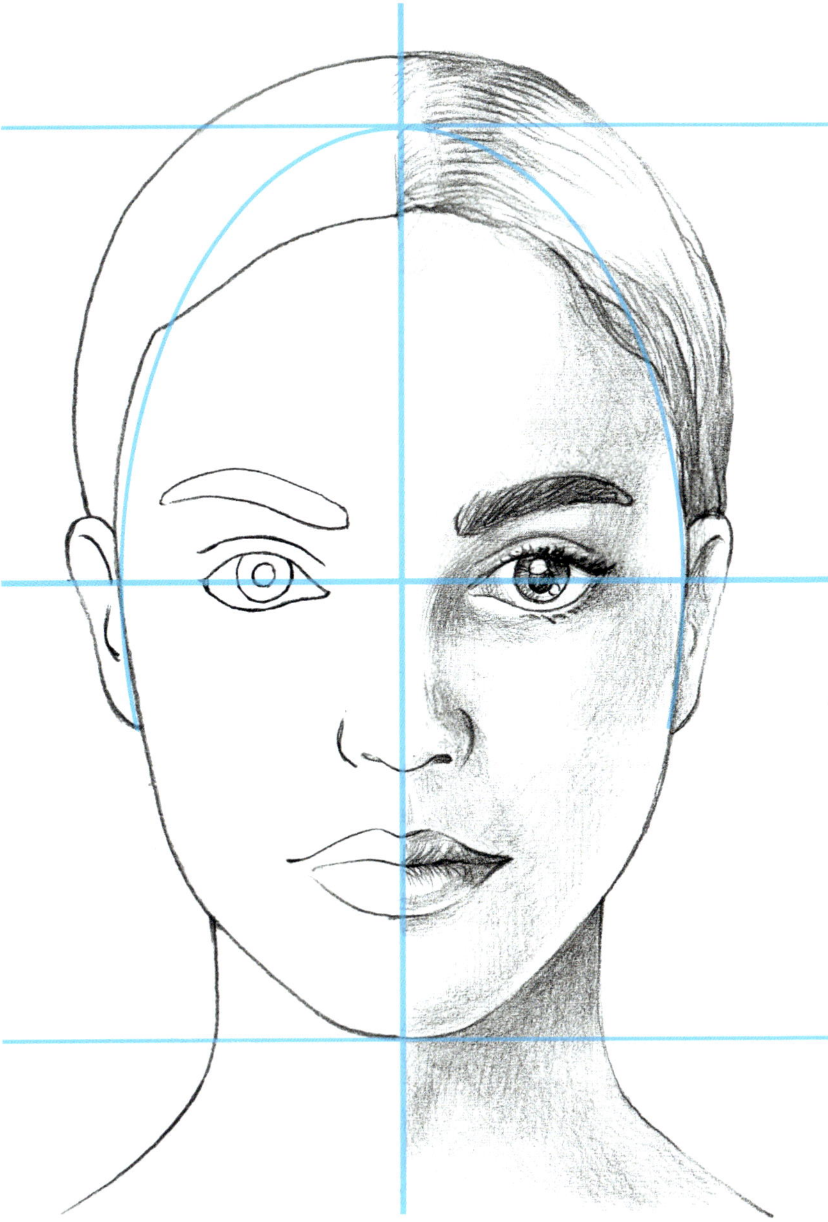

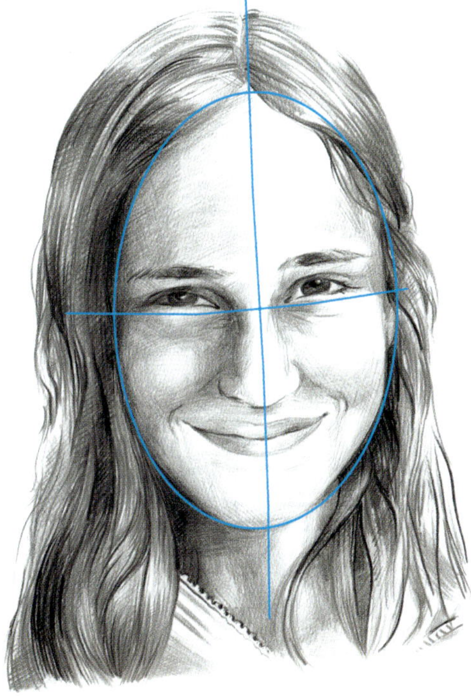

Anwendung
Die Abbildungen zeigen einige Beispiele für den Einsatz von Hilfslinien, wobei die normalerweise fast unsichtbaren Hilfslinien blau dargestellt wurden, damit man sie besser wahrnimmt.

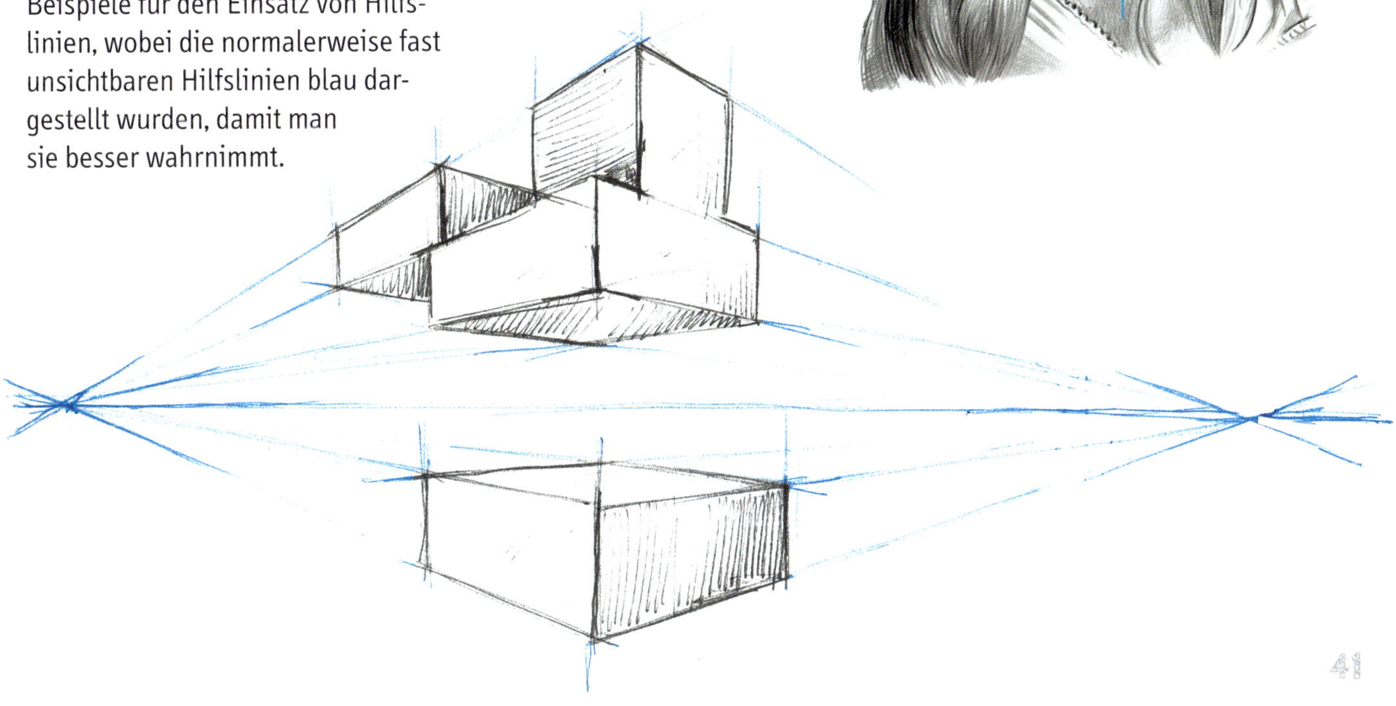

PERSPEKTIVEN

Im Grundkurs wurden die wesentlichen Prinzipien der Perspektive bereits dargestellt, allerdings noch ohne konkrete Motive. Interessant wird es besonders dann, wenn zur Gestaltung eines Motivs die geometrisch perspektivische Genauigkeit eines Motivs außer Kraft gesetzt wird, um einen speziellen Effekt zu erzielen.

ZAUBERWÜRFEL

★★☆

Fangen wir mit der einfachsten perspektivischen Darstellung an, mit der Isometrie. Dabei verlaufen, wie im Grundkurs beschrieben, sämtliche gegenüberliegenden Linien parallel. Damit es etwas anspruchsvoller und grafisch spannender wird, zeichnen wir dazu den berühmten Zauberwürfel.

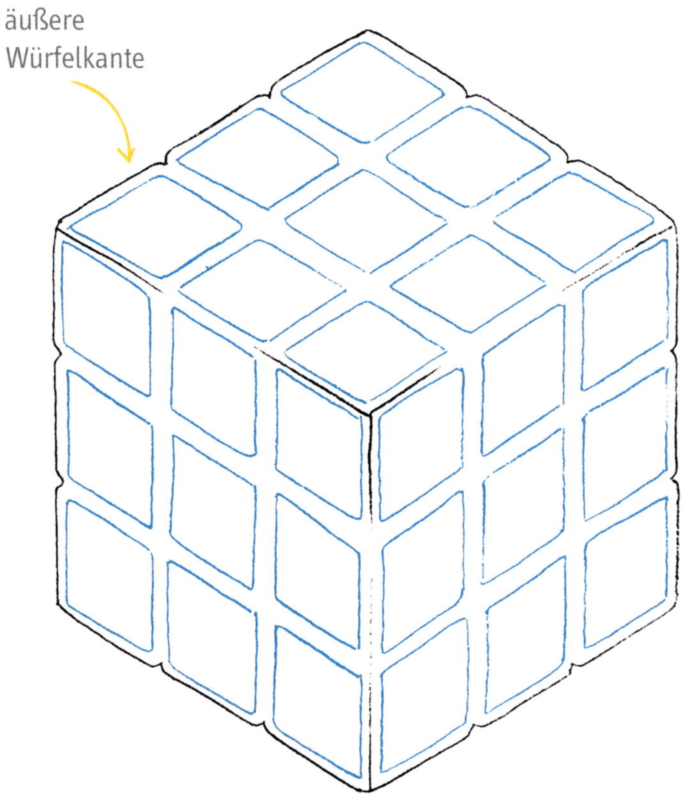

1 Zeichne zunächst die Konturen des Würfels, hier schwarz dargestellt. Ergänze dann die einzelnen Felder und achte dabei auf die korrekte isometrische Darstellung.

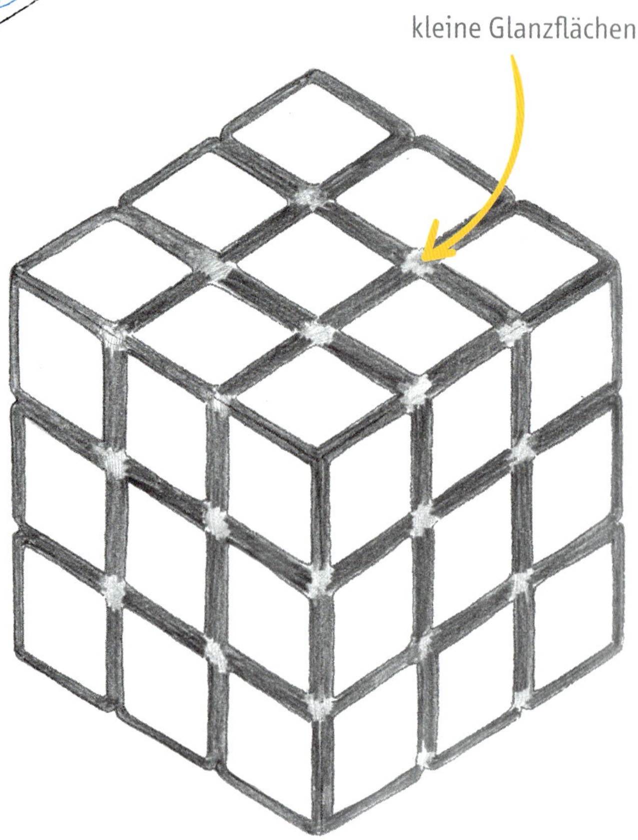

2 Schraffiere die Flächen zwischen den Feldern schwarz. Lasse dabei die kleinen Bereiche an den Ecken der einzelnen Felder zum Glanz etwas heller.

3 Schraffiere nun die einzelnen Felder in unterschiedlichen Grauabstufungen.

4 Führe diese Arbeit fort, lasse dabei ein paar Felder auch Weiß und ergänze am Ende den Schatten unter dem Würfel.

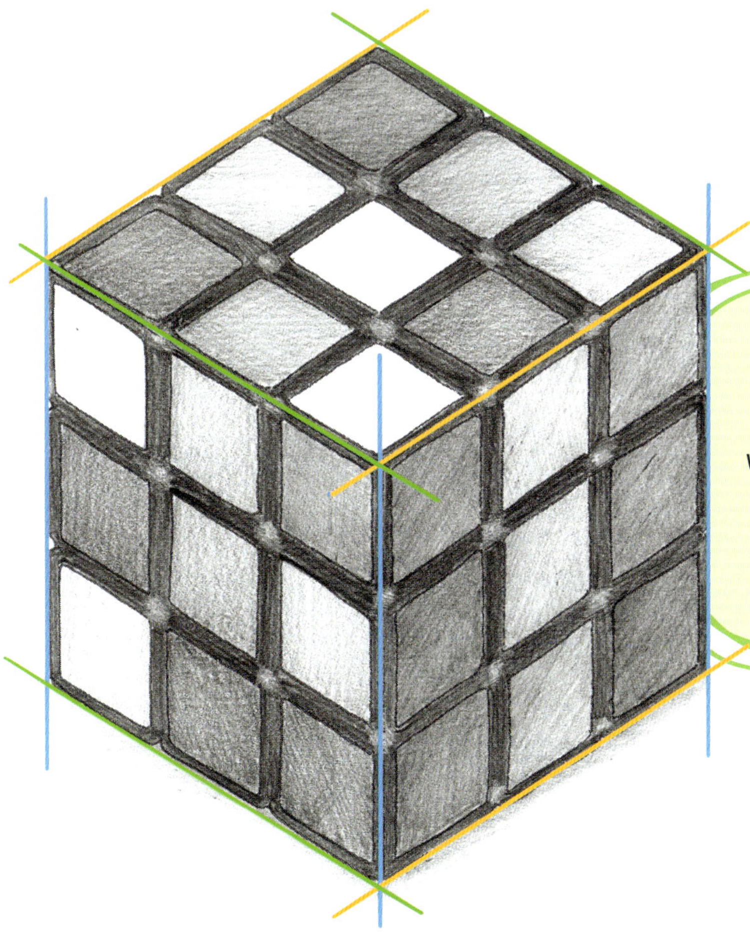

HILFSLINIEN
Die Hilfslinien veranschaulichen durch ihre Farben, welche Linien sich gegenüber liegen und demnach bei der isometrischen Darstellung parallel verlaufen müssen.

ALLEE

★☆☆

Bei der zweiten perspektivischen Anwendung zeichnen wir bewusst ein Motiv ohne Architektur und ohne Gegenstände, dafür mit Pflanzen und Natur. Da es in der Natur selten ganz gerade Linien gibt, kannst du etwas freier gestalten. Für die Ein-Punkt-Perspektive brauchen wir trotzdem einen Fluchtpunkt, welcher auf dem Horizont liegt.

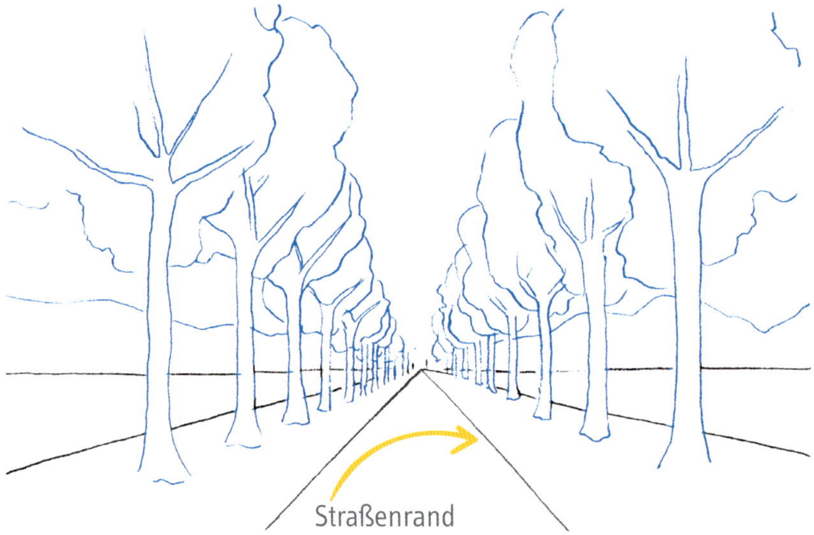

1

Zeichne eine Horizontlinien und eine Straße, die auf einen Punkt auf dem Horizont fluchtet. Ergänze auf Basis des Fluchtpunktes zwei Baumreihen, eine links und eine rechts.

2

Schraffiere die Stämme die Baumkronen und die Straße mit ersten Verläufen und Strukturen.

Gebüsch im Hintergrund

3

Arbeite die Schraffuren weiter aus und achte darauf, dass besonders die Bereiche, die im Schatten liegen, dunkler sind.

Das ist schon super!

4 Gestalte am Ende noch feine Strukturen im Gras und auf der Straße sowie etwas Wolken im Himmel.

Für kleine Profis

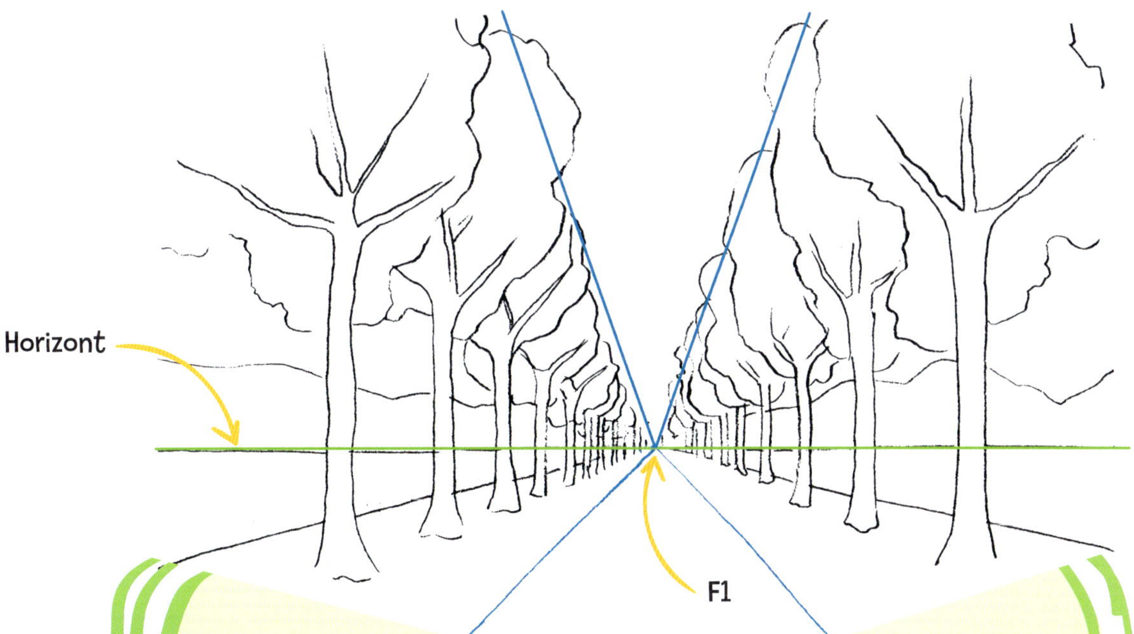

HILFSLINIEN

Da Bäume sehr unterschiedlich wachsen oder unterschiedlich hoch sind, müssen sich die Stämme und Blattkronen nur grob am Fluchtpunkt orientieren. Die Abbildung zeigt dir, an welchen Stellen die Fluchtlinien überschritten oder auch unterschritten wurden.

NATURSTEINHAUS

★★☆

Das dritte Motiv in der Reihe der Perspektiven ist ein kleines Häuschen. Da bei einer Zwei-Punkt-Perspektive der Platz auf dem Papier oft nicht ausreicht, um den ganzen Horizont und die möglicherweise entfernt liegenden Fluchtpunkte einzuzeichnen, gilt es, sich die Fluchtpunkte außerhalb vorzustellen und die Linien danach auszurichten. Je nach Motiv kannst du die Linien auch freier gestalten, um dem Bild mehr Lebendigkeit und Natürlichkeit zu geben.

1

Beginne freihand mit den äußeren Konturen des Hauses, des Dachs mit Schornstein und der leicht schiefen Tür mit der Treppe. Ergänze dann die leicht schiefen Fenster und die Pflanzen.

2

Zeichne die Natursteine auf die Wände, welche sich naturgemäß nur grob an die Perspektive halten, ebenso die leicht verschobenen Ziegel. Schraffiere erste Schattenbereiche des Motivs dunkel.

Natursteinstruktur

3

Arbeite die Details an den Pflanzen und am Haus weiter aus. Füge auch Strukturen für das Gras vorm Haus hinzu.

Das ist schon super!

Blattstrukturen

Für kleine Profis

4

Gestalte die Strukturen fertig aus. Schraffiere die Bereiche vor dem Haus und die Fensterscheiben.

HILFSLINIEN
Die Abbildung zeigt dir die Fluchtlinien für das Motiv. Um das Häuschen ganz natürlich dazustellen, wurden kleine perspektivische und gestalterische Ungenauigkeiten eingebaut, die durch das Material und dessen Alter entstehen.

SCHRIFTZUG

★★☆

Perspektive lässt sich je nach Motiv auch abgewandelt oder freier anwenden. Bei dem Motiv auf dieser Doppelseite mit dem Schriftzug „Elena“ handelt es sich um eine Ein-Punkt-Perspektive, jedoch ohne Bezug zu einem Horizont. Die Ecken der Buchstaben wurden auf einen eigenständigen Punkt gefluchtet, um den Effekt zu erzielen.

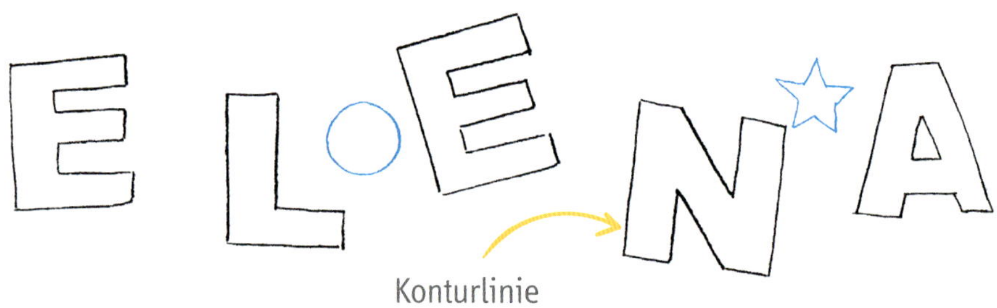

1

Zeichne im ersten Schritt die Konturen der Schrift, dann auch die des kleinen Kreises und des Sterns.

2

Wähle einen Fluchtpunkt deutlich unterhalb der Schrift und zeichne die Fluchtlinien ausgehend von den Eckpunkten der Buchstaben. Nutze dafür einfach ein Lineal.

3

Schraffiere dunkel, nach unten hin heller werdend, die Unterseiten der Flächen zwischen den Buchstaben und dem Fluchtpunkt.

Das ist schon super!

4

Schraffiere die Seitenflächen etwas heller und schattiere die dunklen Flächen zu den Buchstaben hin noch dunkler.

DETAILANSICHT
Das Detail zeigt dir die dunklen Flächen in der Flucht der Buchstaben im Kontrast zu den helleren Seitenflächen und den gemusterten Flächen der Buchstaben selbst.

Für kleine Profis

5

Gestalte zum Schluss die unterschiedlichen Muster der Buchstaben.

LICHT UND SCHATTEN

Licht und Schatten ist eines der Themen, welches Künstler seit Jahrhunderten beschäftigt. Über Licht und Schatten lassen sich Stimmungen, Gefühle, Handlungen und Naturereignisse effektvoll in Szene setzen. Deshalb beschäftigen wir uns in diesem Kapitel zeichnerisch mit dem Thema sowohl bei figürlichen Darstellungen als auch in der Natur.

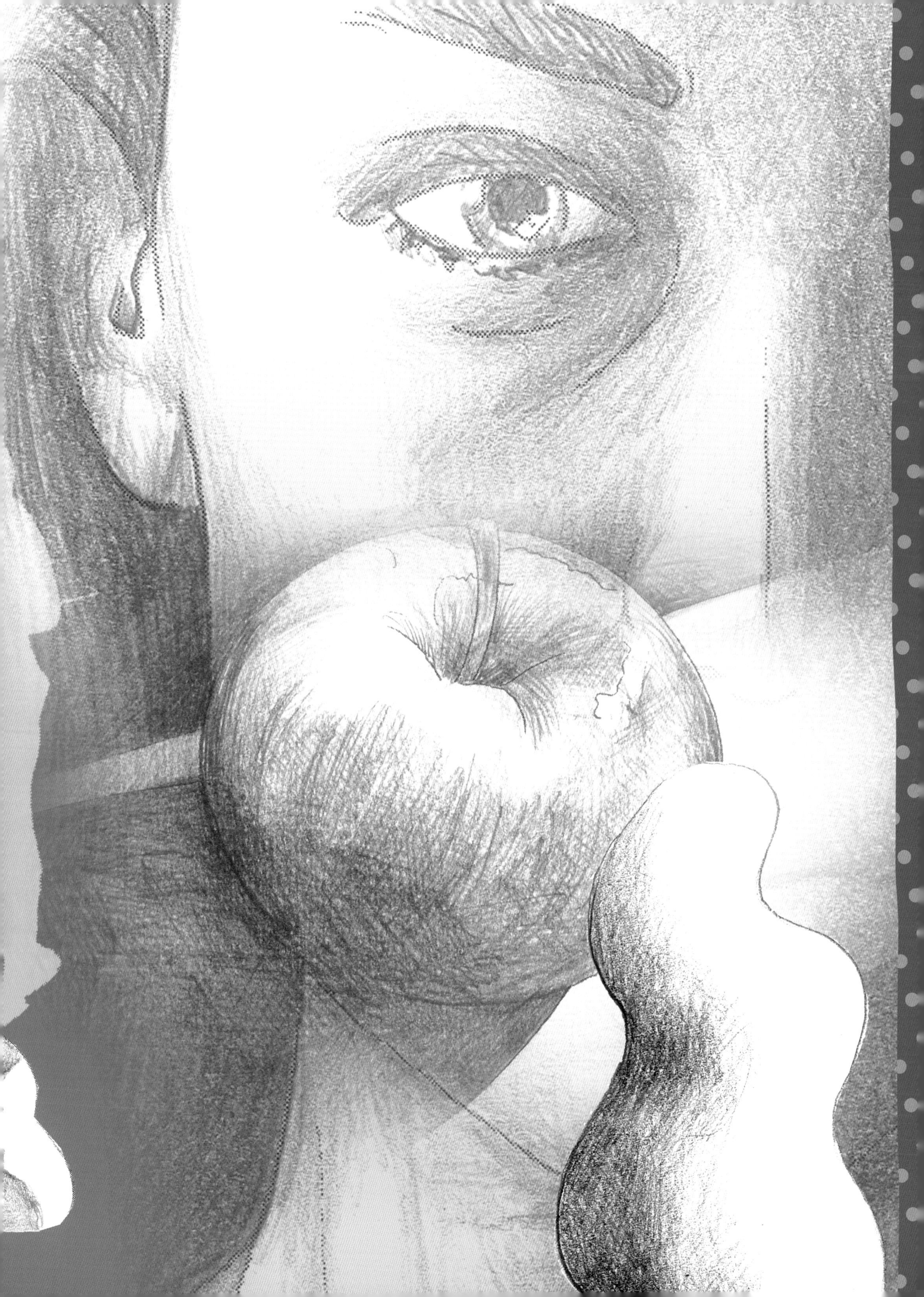

HALBPROFIL IM LICHT

★★☆

Um einen Gegenstand, einen Menschen oder auch etwas anderes im richtigen Licht zu zeichnen, ist vor allem eines wichtig: Man muss wissen, woher das Licht überhaupt kommt, um daraus schließen zu können, wohin die Schatten fallen. Spielen wir es am Beispiel dieses Frauenkopfes im Halbprofil einmal durch.

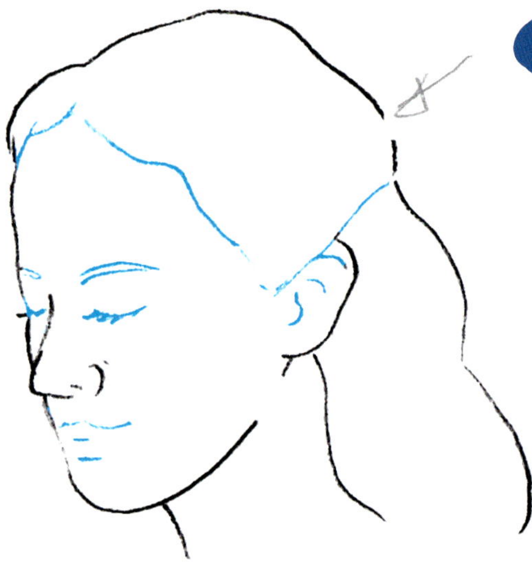

1 Zeichne zunächst die Umrisse des Kopfs und der Haare. Zeichne dann das Gesicht ein. Mit einem kleinen Pfeil gibst du die Richtung vor, aus der das Licht auf den Kopf scheint.

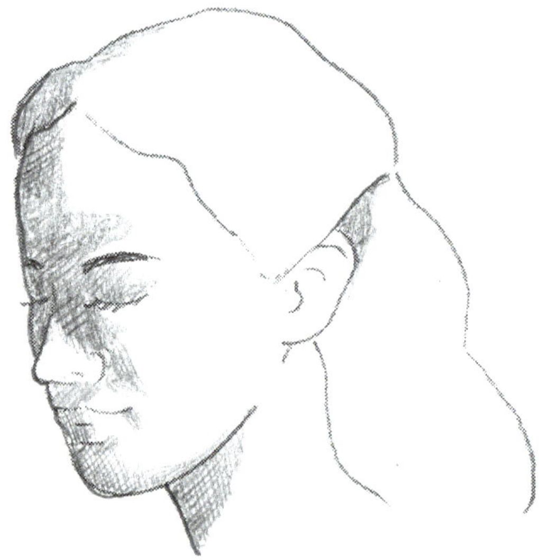

2 Spare die dem Pfeil zugewandten Seiten des Kopfes Weiß aus. Schraffiere dunkel die dem Pfeil abgewandten Seiten, da diese im Schatten liegen.

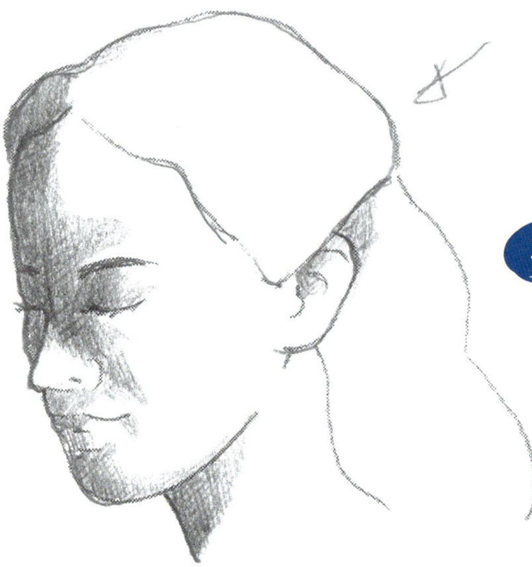

3 Arbeite die dunklen Schattenflächen mit weiteren Schraffuren aus, sodass innerhalb der Schatten hellere und dunklere Bereiche entstehen.

Das ist schon super!

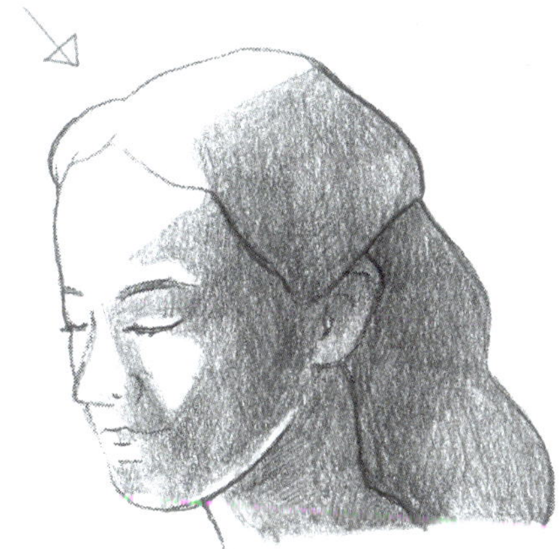

Licht schräg von oben

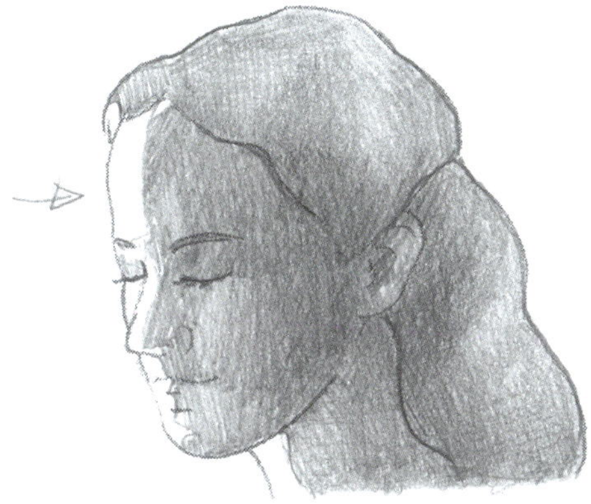

Licht von links hinten

Für kleine Profis

4 Zeichne den Kopfumriss aus Schritt 1 noch fünfmal und gestalte jeden Kopf mit anderem Lichteinfall fertig aus.

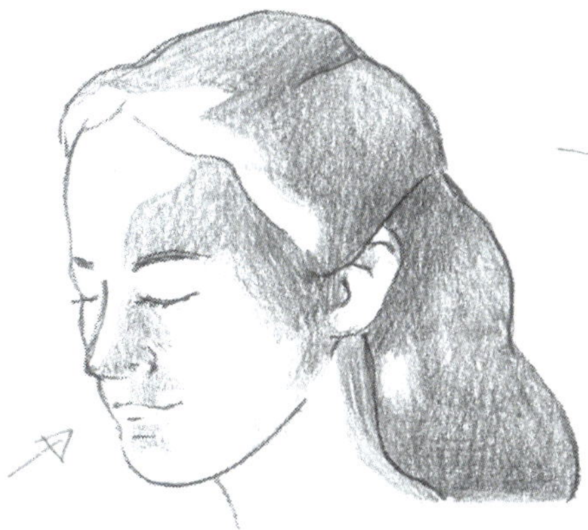

Licht schräg von unten

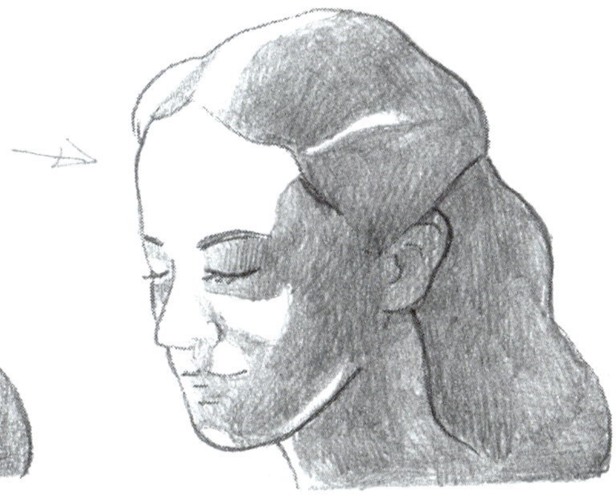

Licht schräg von vorne

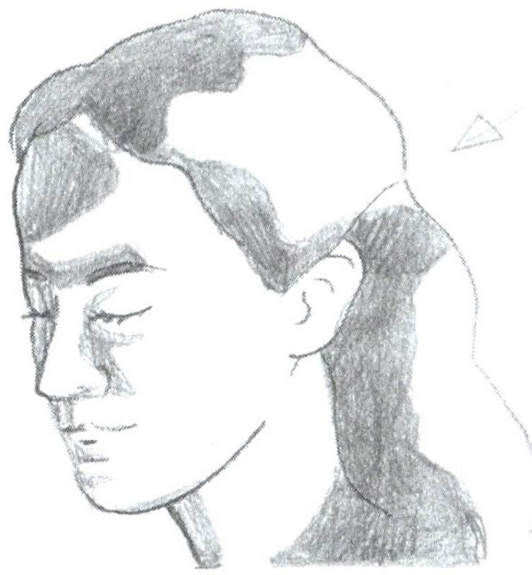

Licht schräg von hinten

LICHTQUELLE
Die blau eingefärbten Pfeile und die jeweils dazugehörenden Schatten verdeutlichen noch einmal den Zusammenhang von Lichteinfall und Schattenfläche.

FRONTAL IM LICHT

★★☆

Um ein noch besseres Gefühl für Licht und Schatten in Gesichtern zu bekommen, ist hier ein zweites Motiv mit fast derselben Technik. Der Unterschied ist, dass es sich in diesem Fall um den Kopf eines Mannes handelt, der direkt von vorne abgebildet ist und die Lichteffekte noch spezieller und vielschichtiger sind.

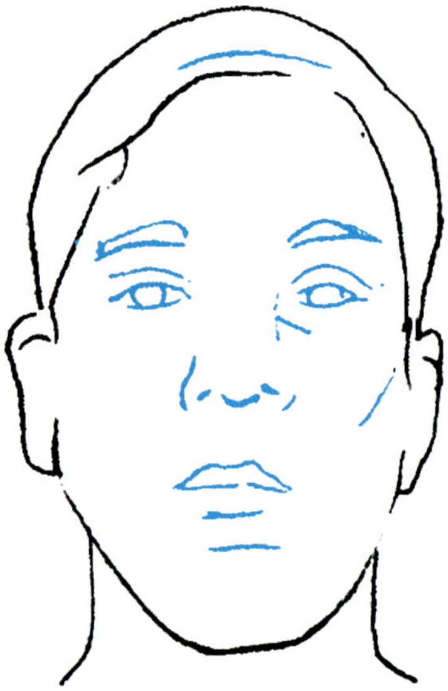

1. Zeichne zunächst die Umrisse des Kopfs und der Haare. Zeichne dann das Gesicht ein.

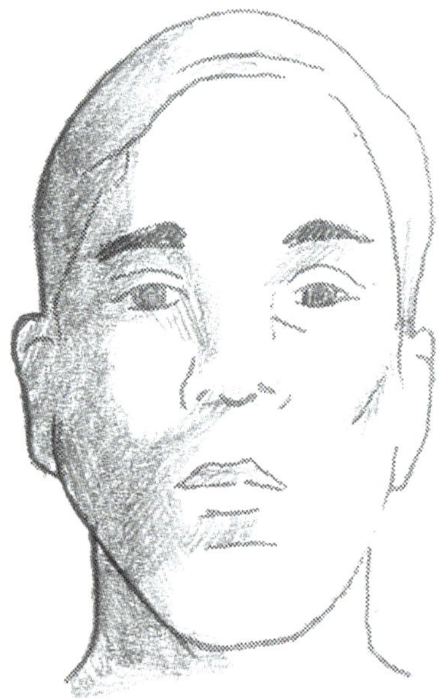

2. Gestalte die Schatten mit allen Details rund um Augen, Nase und Mund.

3. Stufe die dunklen Schattenflächen noch weiter dunkel ab. Versuche, am Ende die Richtung der Lichtquelle mit einem Pfeil einzuzeichnen.

Das ist schon super!

4 Für kleine Profis

Wiederhole die Zeichnung des Kopfs aus Schritt 1 achtmal und arbeite sie mit verschiedenen Lichtquellen aus. Achte beim Ausgestalten auf kleinste Unterschiede im Lichteinfall und bei den Schatten.

DETAILANSICHT
Der Lichteinfall kann unterschiedliche Stimmungen erzeugen. Das Detail zeigt einen Ausschnitt, der gut zu einem Horrorfilm passen würde.

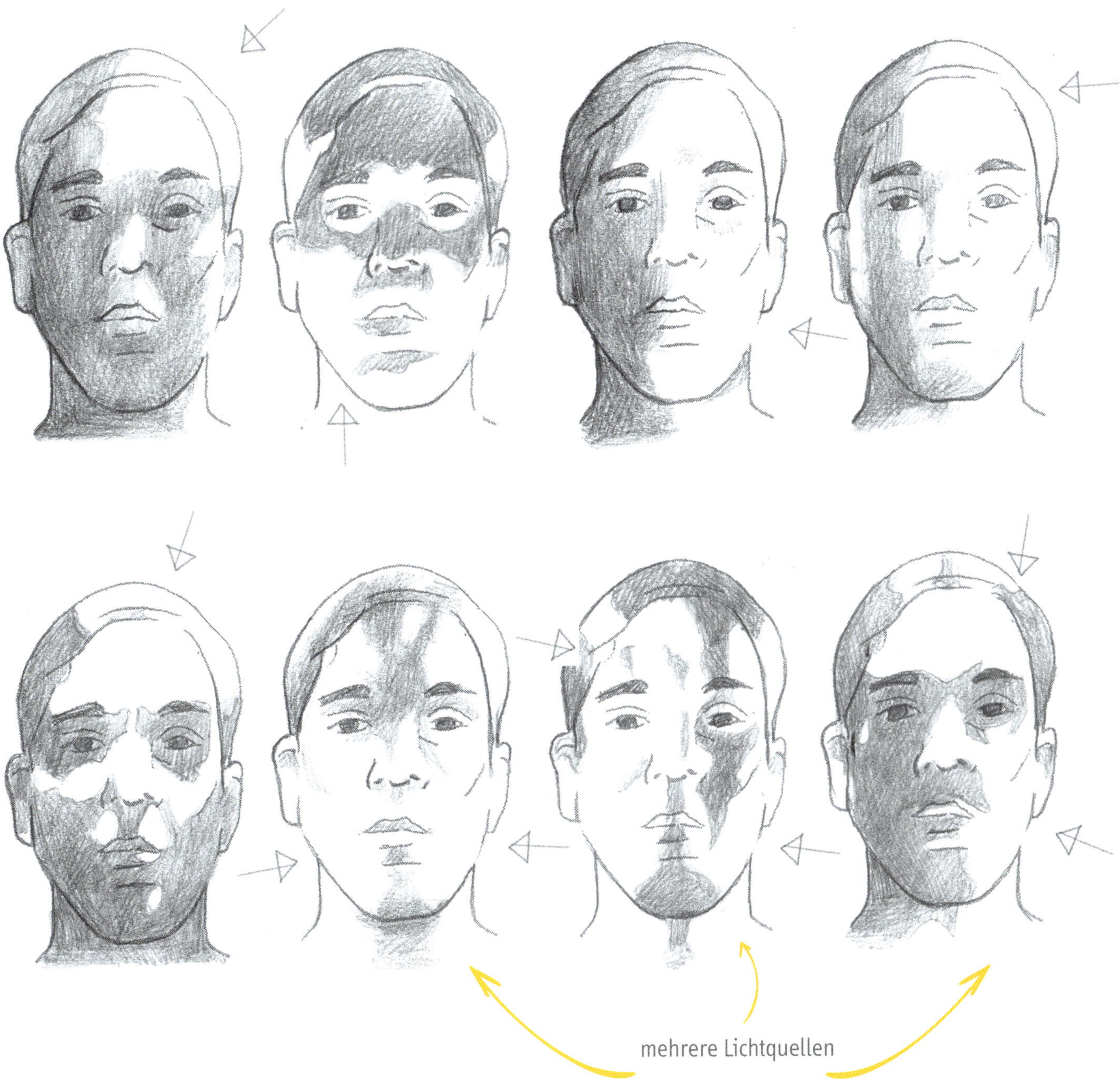

HALBSCHATTEN

★★★

Wenden wir die Technik der vorherigen vier Seiten auf ein einziges Motiv an. Das Porträt einer Frau bekommt durch den speziellen Licht-Schatten-Effekt seinen besonderen Ausdruck. Dabei kommt es auf eine Reihe kleiner Details an, welche dem Bild seine mysteriöse Ausstrahlung verleihen.

1

Zeichne die Kontur der von dir aus linken Gesichtshälfte und erster Strähnen. Gestalte dann diese Seite des Gesichts und deute das rechte Auge ein wenig an.

2

Schraffiere die Schattenseite des Gesichts flächig dunkel. Gestalte ebenso dunkle Teile der Augen, der Augenbrauen und der Haare. Spare die Glanzpunkte in den Augen aus.

Das ist schon super!

3

Arbeite mit feineren Schraffuren die linke Gesichtshälfte aus, ebenso die einzelnen Haarsträhnen.

helle Schraffuren an der Wange

geschlossene dunkle Fläche

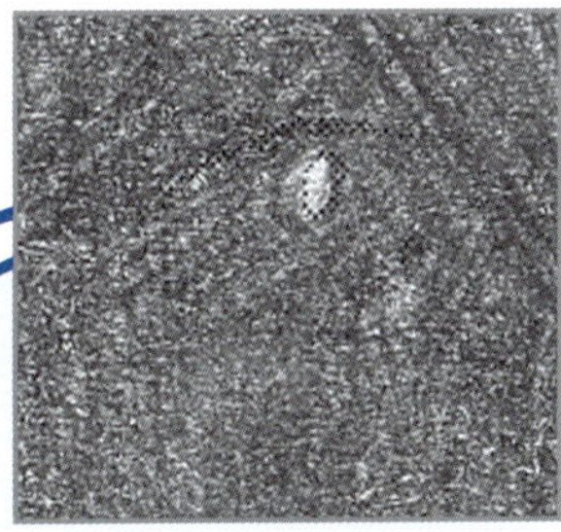

DETAILANSICHT

Der Ausschnitt zeigt dir, wie wichtig es ist, die kleinsten Details zu beachten. Die rechte Gesichtshälfte ist zwar nahezu nicht zu sehen, doch der kleine Lichtreflex lässt das rechte Auge erahnen.

4 Für kleine Profis

Arbeite die dunklen Flächen mit feinen Abstufungen bis fast ins Schwarze aus. Vollende die kleinen Details an den Augen und am Mund.

SILHOUETTE

★★☆

Bei allen Bildern, welche du zum Thema Licht und Schatten zeichnest, steht immer die Frage der Lichtquelle im Vordergrund, so auch bei diesem Motiv. Der Durchgang oder der Tunnel, durch den die Leute laufen, ist zwar nicht wirklich sichtbar, dennoch lässt sich anhand des Verlaufs der Schatten eine Lichtquelle bestimmen.

1

Gestalte zuerst die Umrisse der drei Menschen, dann die Kante des Wegs und die Konturen der lang gezogenen Schatten.

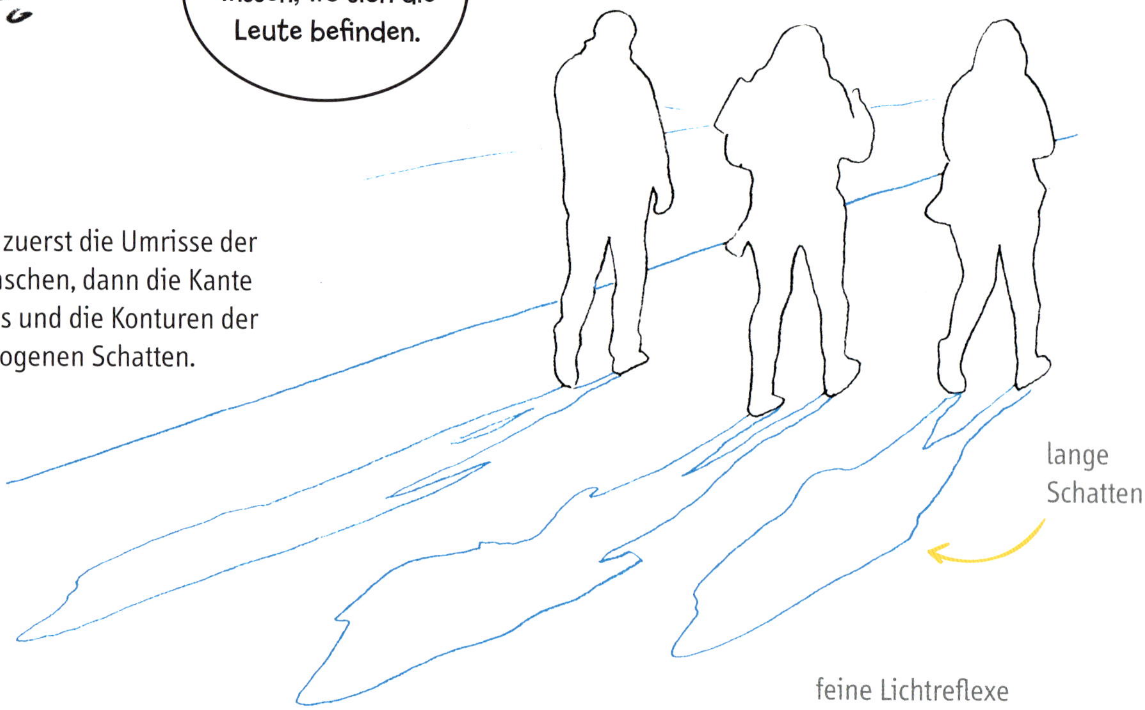

2

Schraffiere die drei Menschen und die Schatten dunkel. Achte dabei darauf, dass innerhalb der Schattenflächen leichte Helldunkelabstufungen sind.

Das ist schon super!

3

Gestalte die seitliche Mauer, an der die Leute entlanglaufen. Stufe die dunklen Flächen der Silhouetten weiter ab.

Für kleine Profis

4

Arbeite die Seitenwand fertig aus und nimm letzte Helldunkelabstufungen an den Figuren und den Schatten vor.

LICHTQUELLE

Verfolgt man die Richtungen der beiden äußeren Schatten, so schneiden sich die Linien in einem Punkt, von dem das Licht ausgeht.

IM WALD

★★☆

Im Gegensatz zu den bisherigen Motiven zum Thema Licht und Schatten, ist bei diesem Bild keine eindeutige Lichtquelle oder Position des Lichteinfalls festzulegen. Dennoch kennt sicher jeder die Situation, bei der sich die dunklen Bäume eines Waldes von der hellen Atmosphäre einer Lichtung oder des Waldrands abheben.

1. Zeichne zunächst die Konturen der vielen Bäume, wovon manche dicker sind, manche dünner. Zeichne dazu die Umrisse der Person in der Mitte.

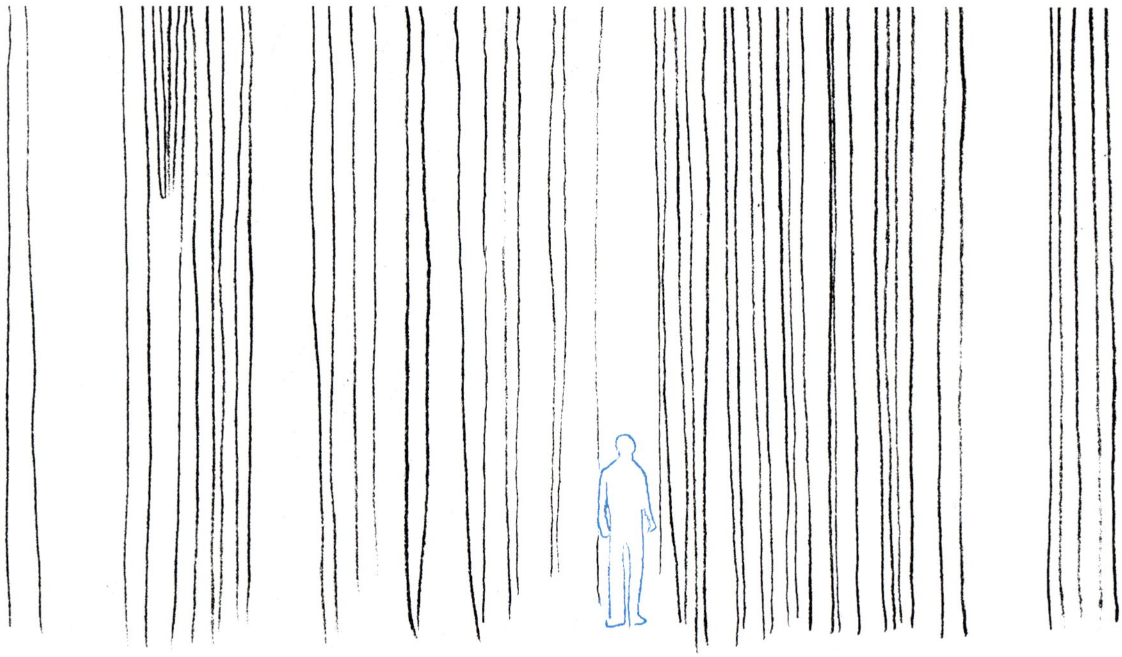

2. Schraffiere die einzelnen Bäume dunkel in verschiedenen Helligkeitsstufen. Gestalte die Figur ebenfalls dunkel.

Das ist schon super!

3

Arbeite an den Bäumen und am Waldboden die Strukturen weiter aus. Schraffiere am Rand leicht den Hintergrund.

4

Ergänze das Blattwerk im oberen Bereich der Bäume und arbeite den Waldboden fein aus.

Für kleine Profis

DETAILANSICHT
Das Detail zeigt die kleine Figur, die sich dunkel vom Hintergrund abhebt. Daneben siehst du ein paar Baumstämme in verschiedenen Graustufen.

DREI GABELN

★★★

Bei diesem Motiv wird der Schatten durch eine Kante geknickt. Die Schatten der Zinken fallen dadurch sehr lang und vertikal nach unten, während die Schatten der Stiele verkürzt auf die horizontale Fläche fallen. Nutze für solche Effekte am besten ein passendes Foto als Vorlage.

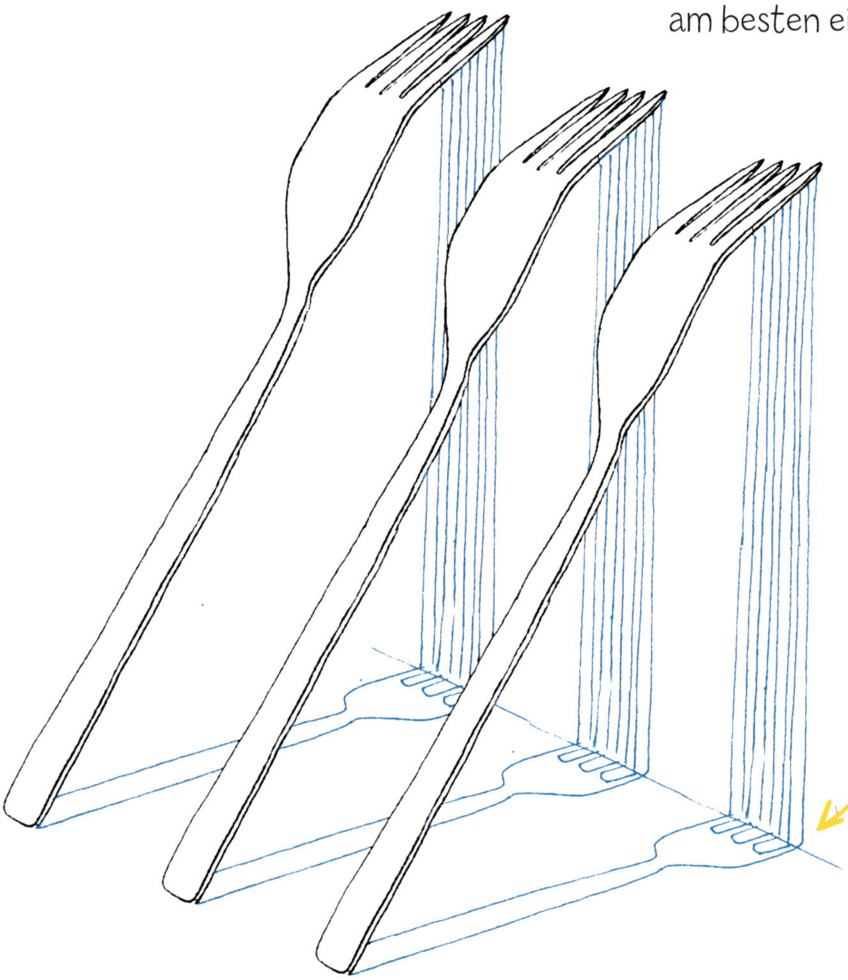

1

Zeichne zunächst die Konturen der drei Gabeln, dann die Konturen der Schatten sowie die Kante, an der der Schatten gebrochen wird.

2

Schraffiere die Stiele und Schatten der hinteren zwei Gabeln dunkel. Die Zinken und die Fläche darunter bleiben weiß.

lange Schatten

3

Gestalte die dritte Gabel und deren Schatten. Arbeite die Helldunkelabstufungen fein aus.

Das ist schon super!

4

Schraffiere die Fläche, an welche die Gabeln angelehnt sind.

Für kleine Profis

SCHATTEN MIT PERSPEKTIVE

Das Bild verdeutlicht den Unterschied der beiden Schattenbereiche: einerseits die extrem in die Länge gezogenen Schatten der Zinken und im Kontrast dazu die deutlich kürzeren Schatten der Stiele.

APFEL

★★☆

Der Apfel ist das letzte Motiv in diesem Kapitel. Er wird durch einen Spot von rechts oben angeleuchtet, eventuell durch eine Stehlampe, sodass der Kontrast zwischen hell und dunkel sehr ausgeprägt ist. Die dunkle Seite des Apfels geht nahezu ohne Abgrenzung in die Schattenfläche über.

1

Zeichne die äußere Kontur des Apfels, welche direkt in die Kontur des Schattens übergeht. Zeichne dann den Apfelstiel und die Kanten zwischen Licht und Schatten.

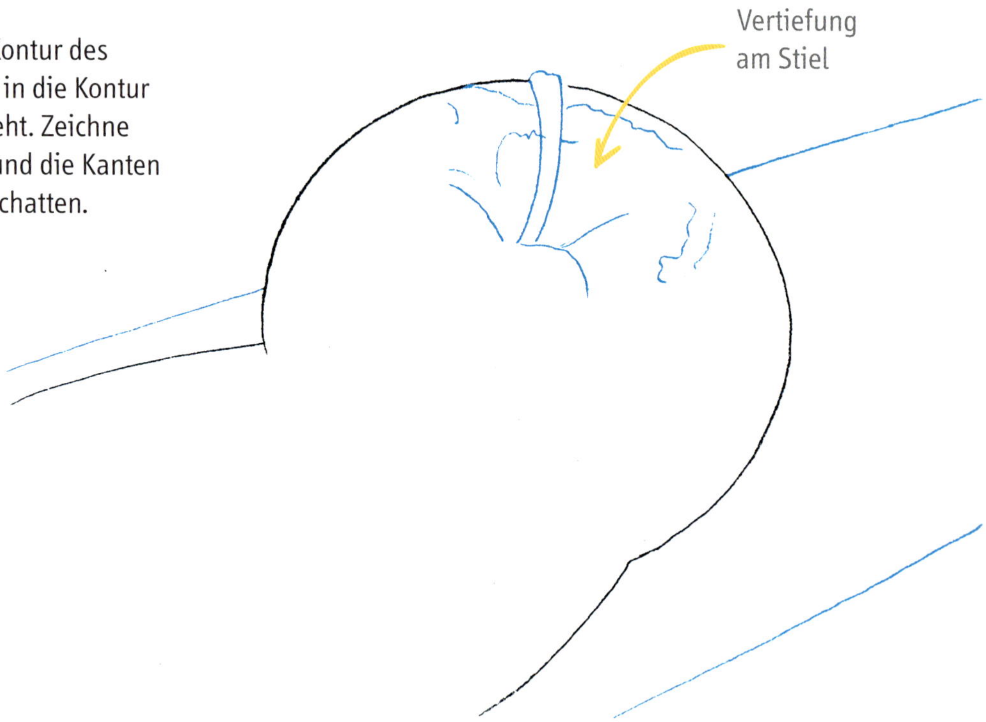

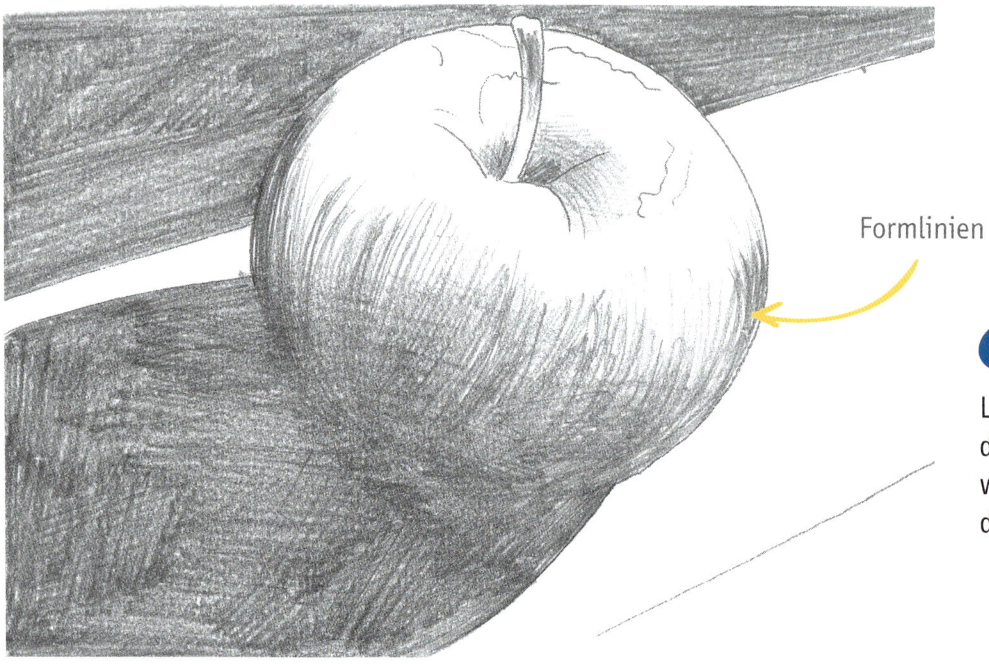

2

Lege die dunklen Bereiche des Motivs flächig an. Verwende beim Schraffieren des Apfels Formlinien.

Das ist schon super!

3 Arbeite die kleineren Schattenbereich um den Stiel herum aus. Verdichte die großen dunklen Schattenflächen.

Für kleine Profis

4 Gestalte die Flächen weiter, sodass sie zum Bildrand hin nahezu schwarz werden.

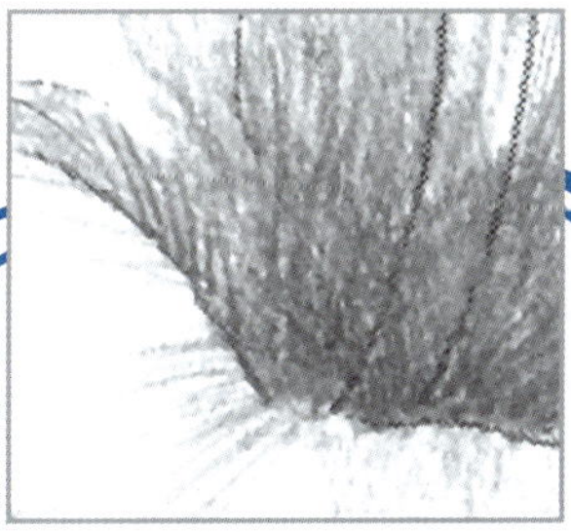

DETAILANSICHT
Das Detail zeigt, dass bei der Gestaltung Formlinien verwendet wurden, also Linien, welche der Wölbungen des Apfels folgen.

Hoffentlich ist er nicht vergiftet!

GLANZ UND SURREALISMUS

In diesem Kapitel werden zwei Themenbereiche zusammengefasst. Glanzeffekte wurden bereits im vorangegangenen Kapitel angesprochen, hier wird jedoch noch weiter vertieft, wie man sie zeichnerisch gestaltet. Außerdem geht es um magische Bilder aus dem Kunstgenre des Surrealismus, bei denen Licht, Schatten und Glanz ebenfalls eine Rolle spielen.

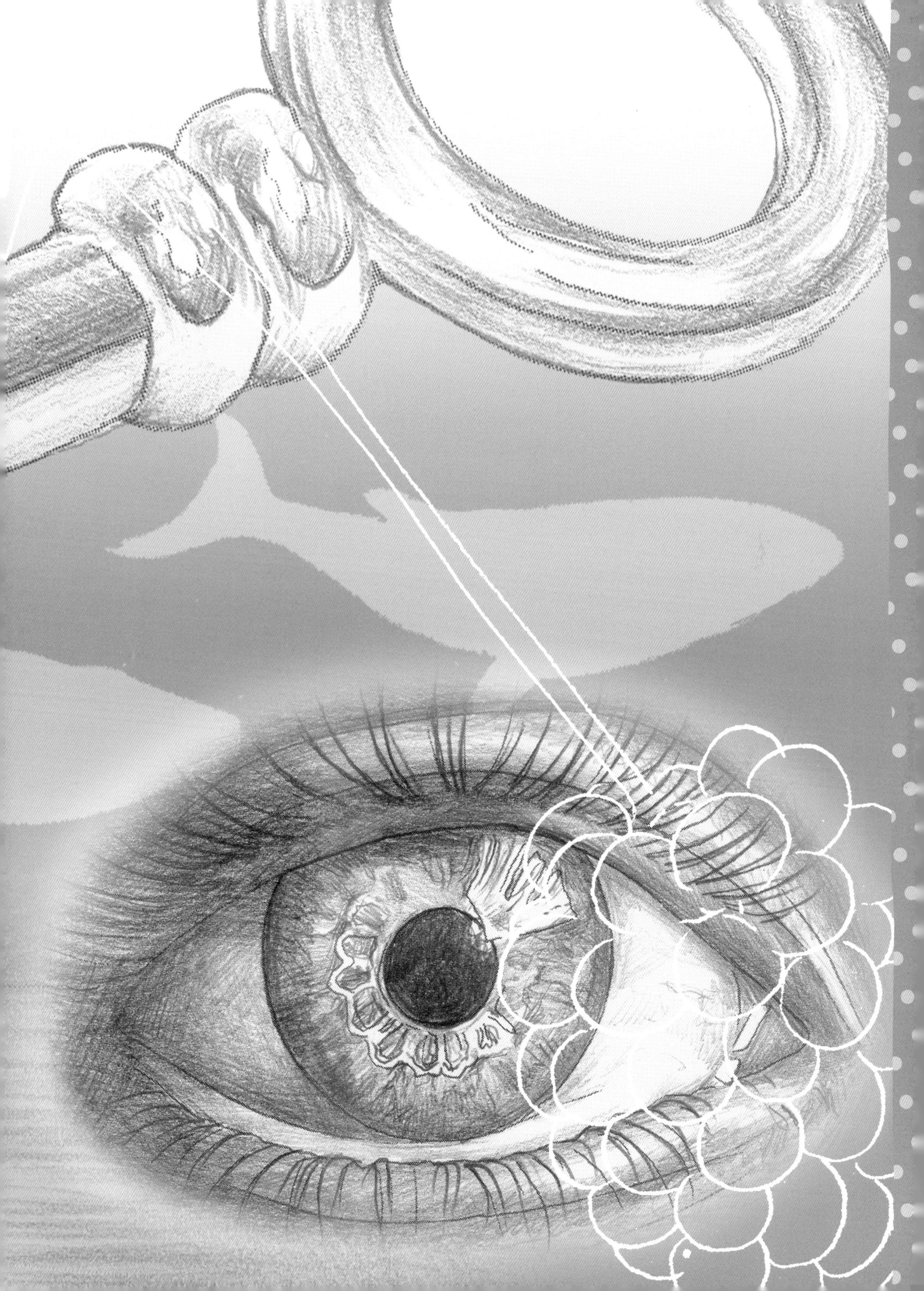

HIMMELSMEER

★★☆

Surrealisten beschäftigen sich mit Träumen, mit Visionen, mit Dingen, die im Unterbewusstsein stattfinden und für die es keine rationalen Erklärungen gibt. Dabei gehen sie oft mit großer künstlerischer und technischer Präzision vor. Das faszinierende und zugleich verwirrende Bild mit den Walen im Himmel ist ein gutes Beispiel hierfür. Technisch kombiniert es hohe Kontraste und einen starken Glanz auf dem Wasser.

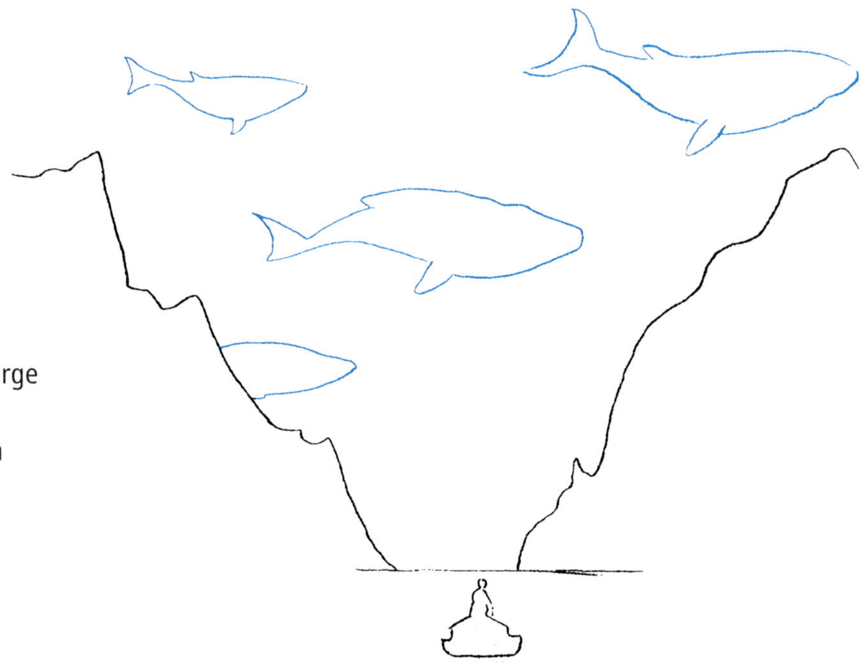

1

Gestalte die Konturen der Berge und des kleinen Bootes mit der Figur. Zeichne darüber in den Himmel die Umrisse der vorbeiziehenden Wale.

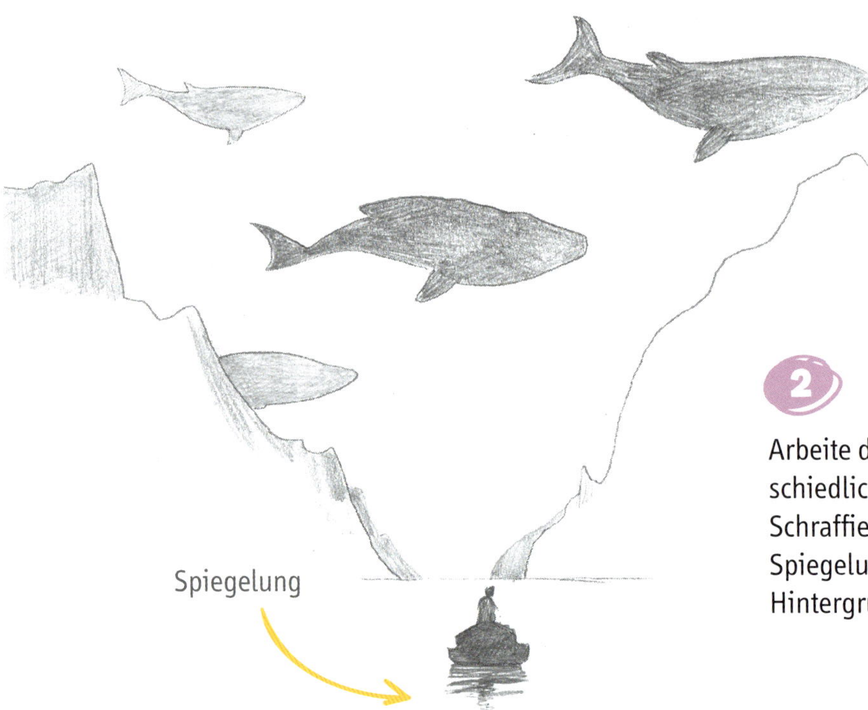

2

Arbeite die Wale mit unterschiedlich dunklen Flächen aus. Schraffiere das Boot und seine Spiegelung dunkel und hell im Hintergrund erste Berge.

hintere hellere Bergreihe

Das ist schon super!

3

Lege die Bergreihen flächig an, ebenso die Schatten, welche die Berge auf das Wasser werfen. Spare dabei die helle glänzende Fläche um das Boot herum weiß aus.

4

Verfeinere die Strukturen an den Bergen, auf der Wasseroberfläche, den Walen und den kleinen Details am Boot und dessen Spiegelung.

Für kleine Profis

DETAILANSICHT
Das Detail zeigt dir den Ausschnitt mit dem Boot. Da das Licht von hinten kommt, ist das Boot ganz dunkel. Im Wasser spiegelt sich das Boot dunkel zwischen kleinen Wellen.

feine Wellen

SCHLÜSSEL

★☆☆

Im Grunde geht es beim Thema Glanz darum, welche Flächen eines Motivs glänzend wirken sollen. Diese Flächen werden weiß oder sehr hell dargestellt und von den angrenzenden Flächen deutlich unterschieden. Der Wasserglanz beim Himmelsmeer ist ein Beispiel hierfür, doch der metallische Glanz des Schlüssels zeigt es noch deutlicher.

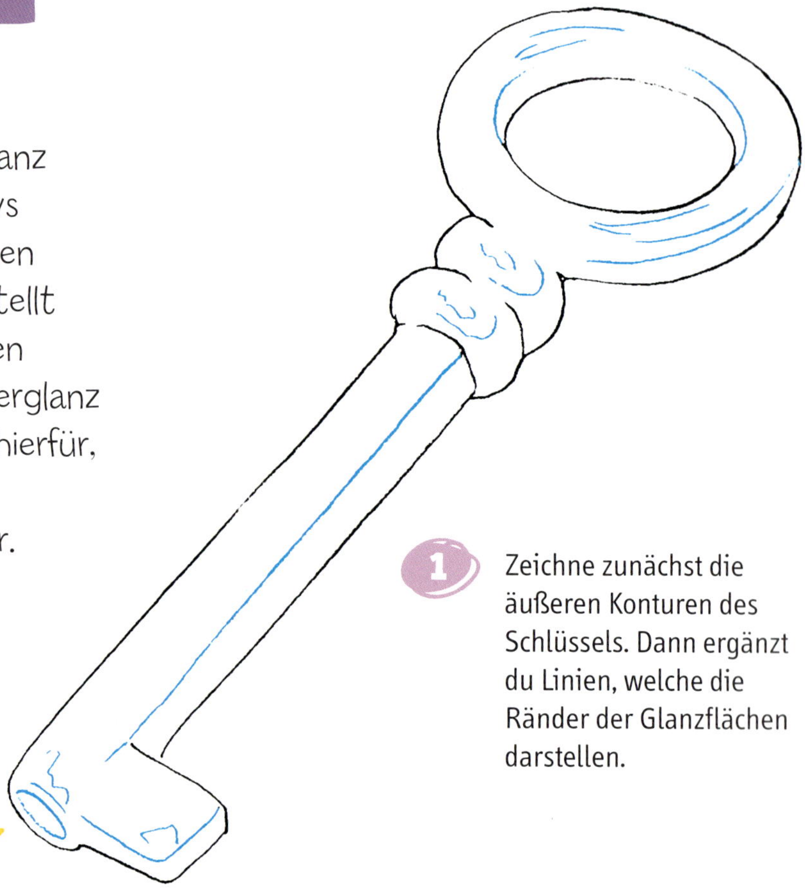

Öffnung am unteren Ende

1 Zeichne zunächst die äußeren Konturen des Schlüssels. Dann ergänzt du Linien, welche die Ränder der Glanzflächen darstellen.

2 Schraffiere zunächst die dunkelsten, also die nicht-glänzenden Bereiche der metallischen Oberfläche.

DETAILANSICHT
Das Detail zeigt die Gestaltung der Glanzflächen und Glanzpunkte. Der Übergang zu den angrenzenden Flächen ist teils weich, an anderen Stellen gibt es eine harte Kante.

Glanzpunkt am Schlüsselbart

Das ist schon super!

3 Gestalte nun die etwas helleren Bereiche mit feineren Schraffuren. Die glänzenden Flächen und Punkte bleiben ganz weiß.

Für kleine Profis

4 Arbeite die feinen Schraffuren weiter aus und füge einen Schatten unter dem Schlüssel hinzu.

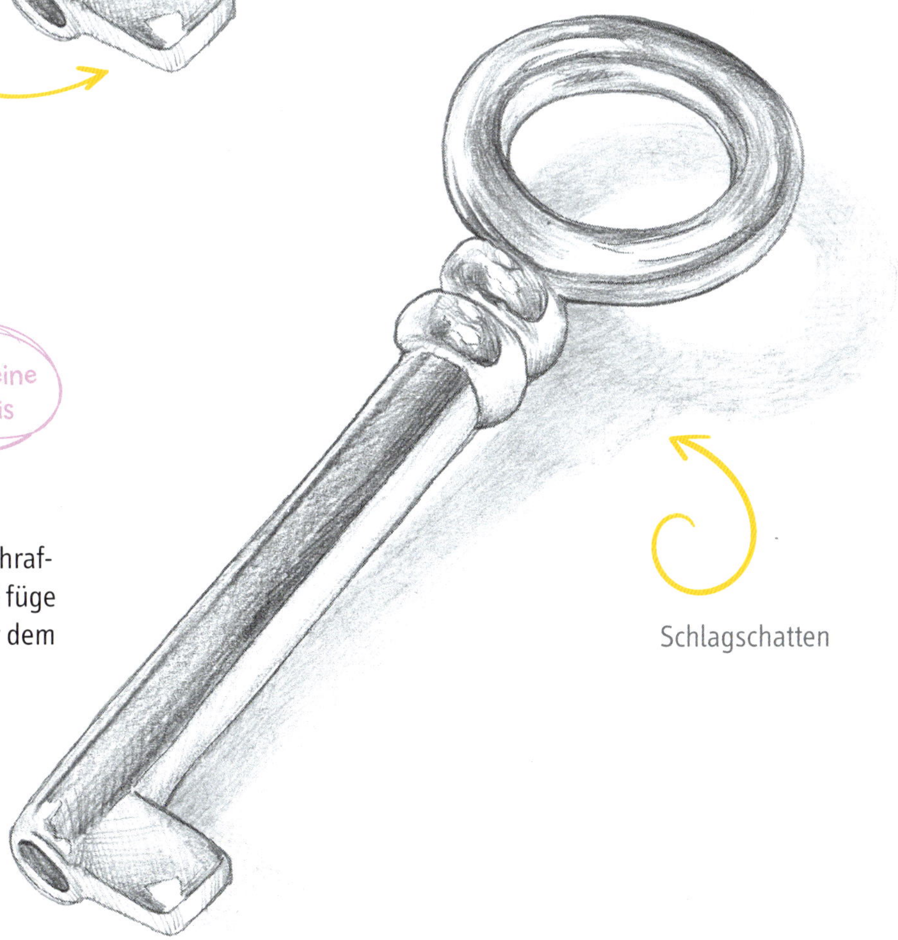

Schlagschatten

AUGENBLICK

★★☆

In intensiven emotionalen Momenten haben wir oft glänzende Augen, strahlend vor Glück oder den Tränen nah. Die Augen können dir so viel über die Stimmung eines Menschen verraten. Deshalb sind sie auch ein faszinierendes Zeichenmotiv. Bei der näheren Gestaltung geht es um winzige Details, wie du gleich sehen wirst.

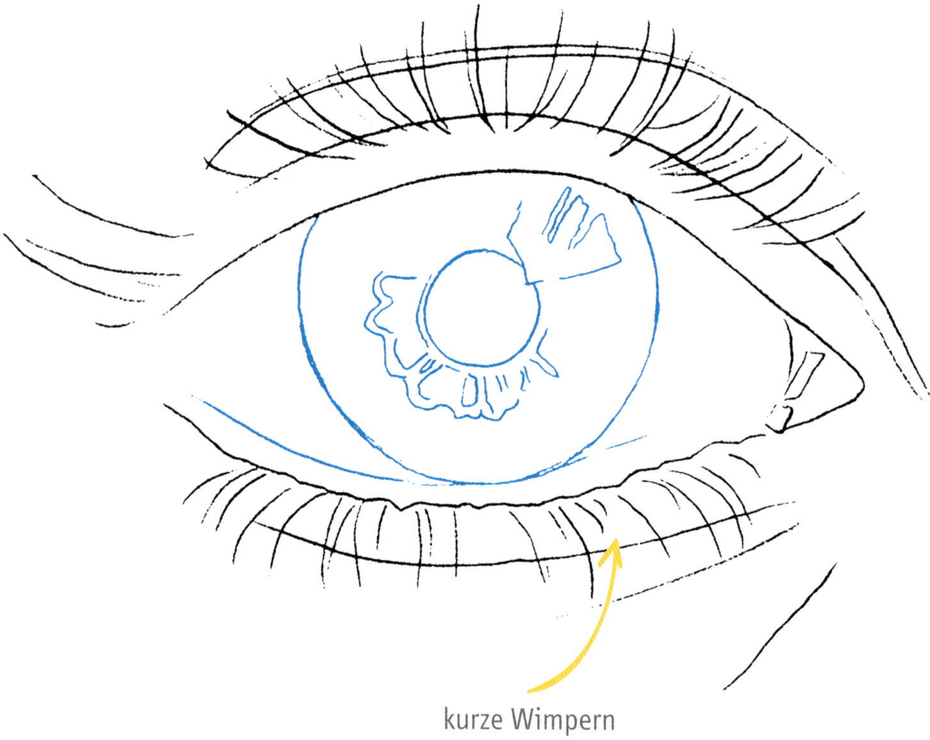

1

Zeichne die äußeren Umrisse des Auges, dazu das Augenlid und die Wimpern. Füge dann die Iris und die Pupille hinzu und zeichne bereits ein, an welchen Stellen das Auge glänzen soll.

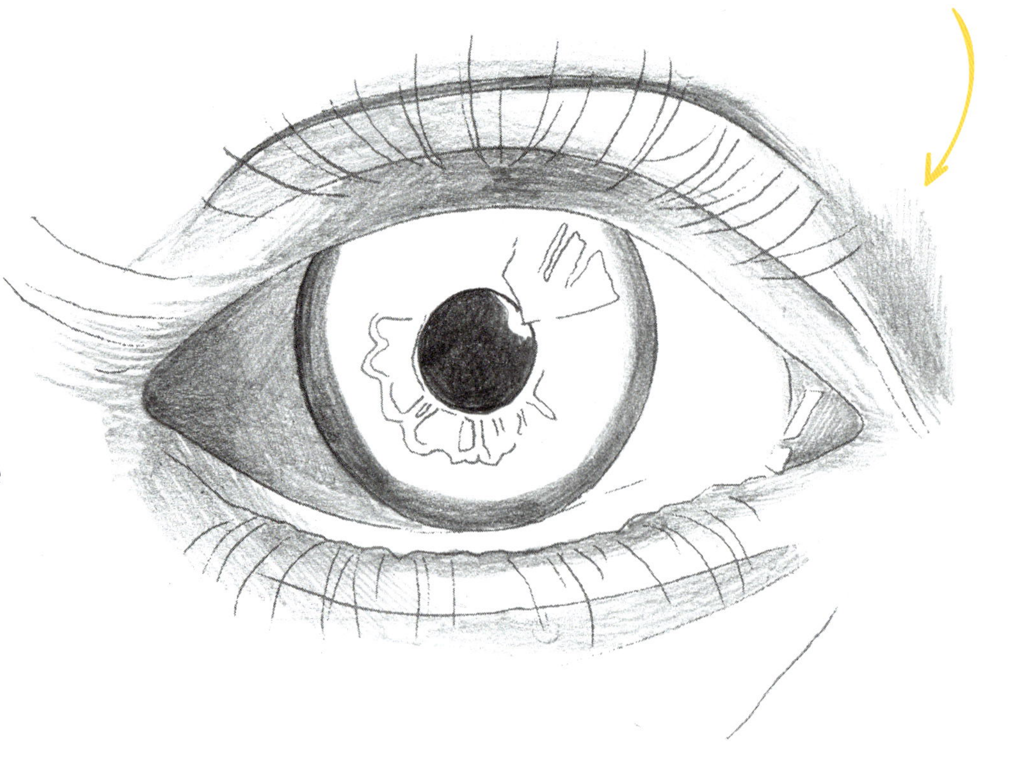

2

Schraffiere nun dunkel die Pupille und den äußeren Rand der Iris und etwas heller das Augenlid.

viele Wimpern

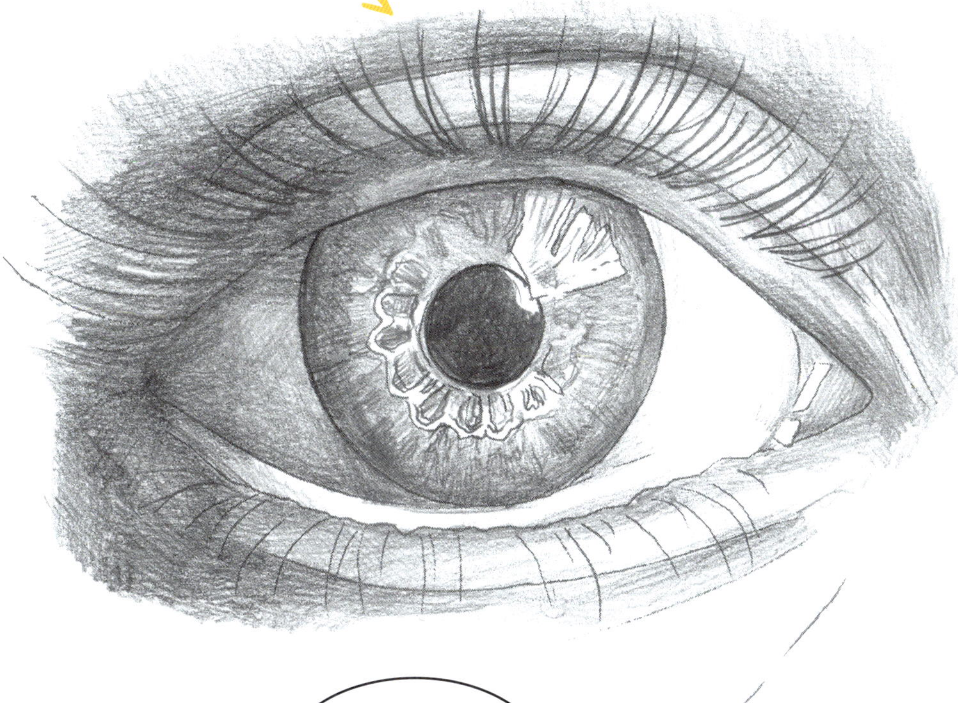

Das ist schon super!

3

Führe die dunklen Schraffuren fort. Gestalte die Iris mit kurzen Schraffuren, wobei du die Glanzflächen weiß lässt.

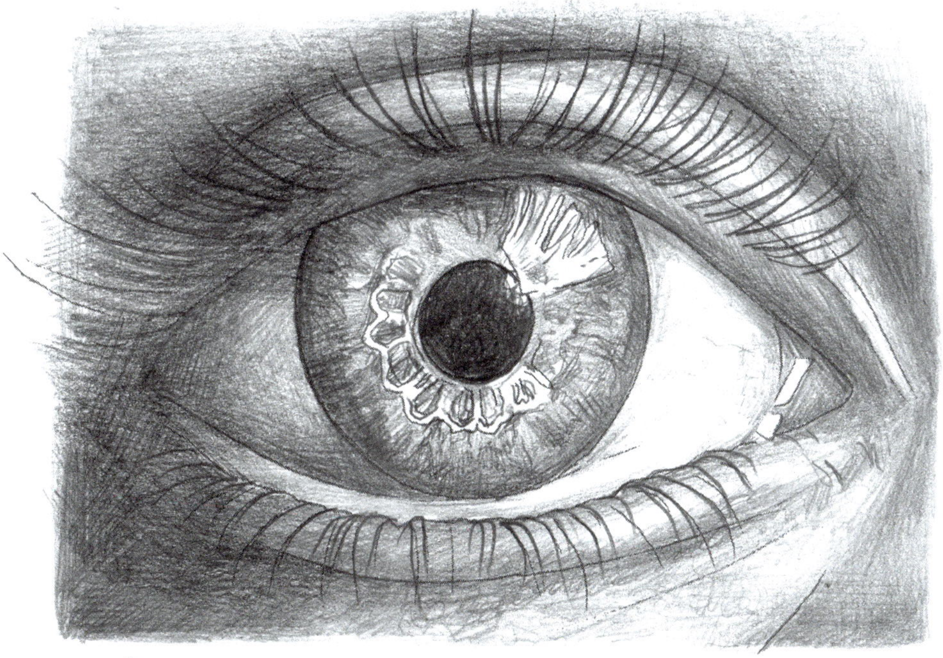

WEISSER GLANZ
Anhand von Iris und Pupille wird der Umgang mit dem Glanz deutlich. Die glänzenden Bereiche sind weiß, während alle anderen Flächen schraffiert sind.

4

Arbeite ganz feine Strukturen in die Iris und den Augapfel mit ein. Lasse auch dünne Bereiche am Augenlid und unter dem Auge ganz hell, denn auch Haut kann glänzen.

Für kleine Profis

BROMBEERKIRSCHE

★★☆

Die Brombeerkirsche scheint einer surrealen Welt zu entstammen. Ob es in der Zukunft wohl solche ungewöhnlichen Mischfrüchte geben wird? Vielleicht ist es besser, dies noch nicht zu wissen und sich erstmal mit dem Kontrast des großen Glanzpunkts der Kirsche im Gegensatz zur Anhäufung kleiner Glanzpunkte bei der Brombeere zu beschäftigen.

1

Als Erstes zeichnest du die Umrisse der Kirsche und der Brombeere. Dann verbindest du die beiden mit einem geteilten Stiel, wie bei einer Kirsche.

2

Gestalte die große dunkle Fläche an der Kirsche und die vielen kleinen dunklen Flächen an der Brombeere. Lege auch die dunklen Bereiche des Stiels an.

Das ist schon super!

3

Arbeite diese Flächen weiter aus. Beachte dabei, die große Glanzfläche an der Kirsche ebenso weiß zu lassen wie die vielen kleinen Glanzpunkte an der Brombeere.

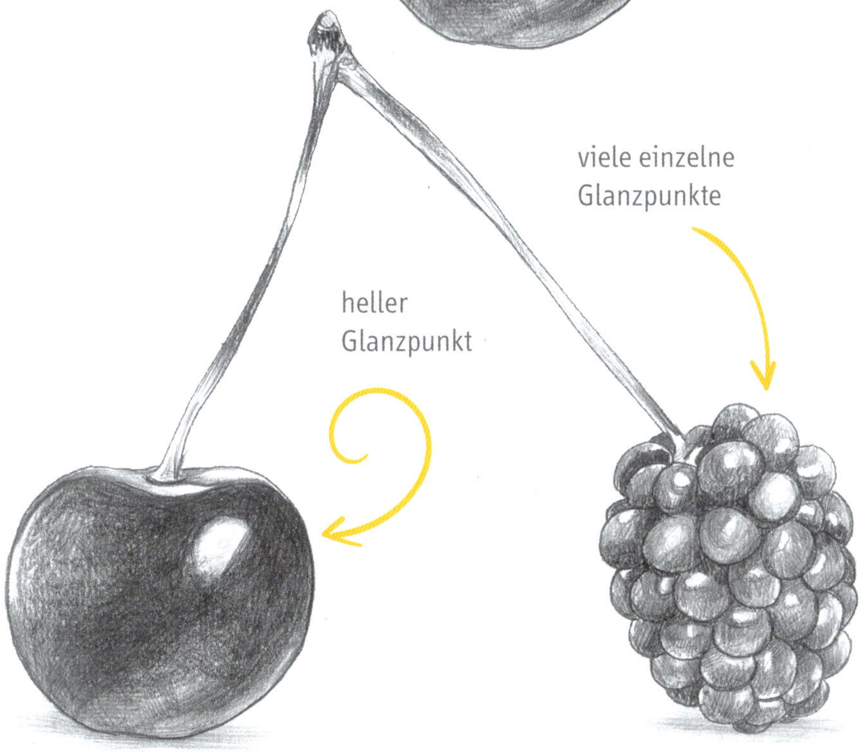

Für kleine Profis

4

Gestalte die kleinen Details an der Brombeere und am Stiel. Füge am Ende noch einen Schatten unter der Brombeerkirsche hinzu.

KLEINE KÜNSTLER

Felix, 11 Jahre, hat die unterschiedlichen Glanzpunkte gut herausgearbeitet. Die Früchte sind dadurch leicht zu erkennen.

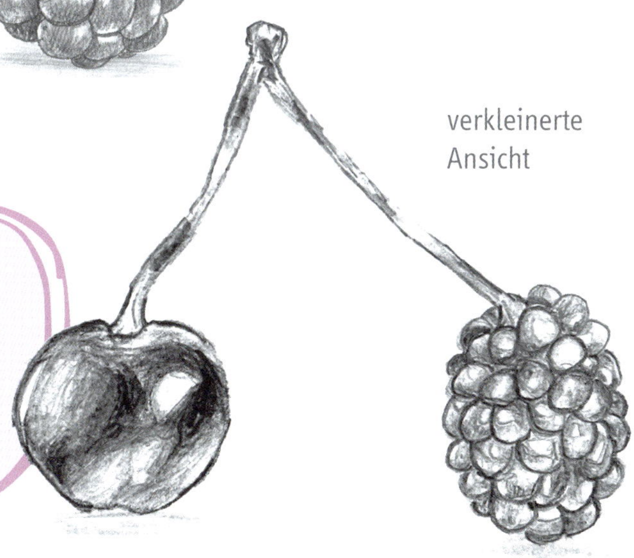

FLIEGENDER ELEFANT

★★★

Dieses Motiv ist der letzte Ausflug in die Welt des Surrealismus, denn wer kann sich schon einen Elefanten vorstellen, der von einem vergleichbar kleinen Ballon getragen wird? Es sei denn, der Elefant ist selbst nicht echt und nur mit Luft gefüllt. Zeichentechnisch wirkt das Bild am besten, wenn es so real wie möglich erscheint, das heißt die Schraffuren und Linien ganz fein angelegt sind.

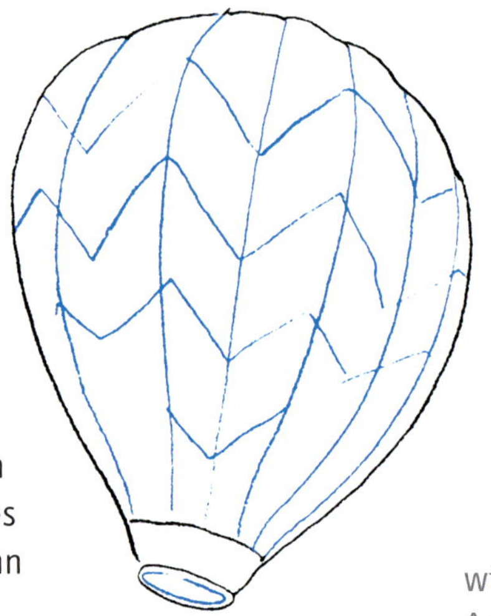

1

Zeichne die Konturen des Elefanten und des Ballons. Ergänze dann das Ohr, das Auge und das Muster des Ballons.

winziges Auge

2

Arbeite mit feinen Schraffuren die dunkleren Bereiche des Motivs aus. Der Stoff des Ballons ist dabei feiner als die ledrige Elefantenhaut.

3

Führe die Schraffuren weiter fort. Verbinde mit feinen Linien den Ballon und den Elefanten und gestalte die Schatten zwischen den gemusterten Ballonflächen.

Das ist schon super!

4

Für kleine Profis

Schraffiere den Himmel im Hintergrund, sodass es scheint, als ob der Elefant ganz hoch oben in den Wolken schwebt.

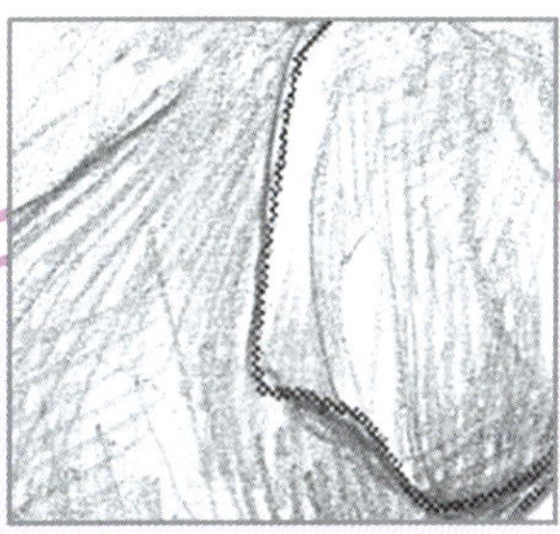

DETAILANSICHT

Die Schraffuren und Formlinien bei diesem Motiv dienen nicht nur zur Schattierung, sondern geben auch die Struktur der ledrigen Haut des Elefanten wieder.

FLÄCHEN, MUSTER UND EFFEKTE

In diesem Kapitel geht es um Gestaltungen mit einem hohen Wirkungsgrad, sowohl vom Motiv als auch vom Effekt her, welcher durch die Zeichentechniken erzeugt wird. Manche der Motive grenzen an optische Illusionen, bei denen die zeichnerische Wirklichkeit und die Realität verschwimmen. Andere wiederum beschäftigen sich mit ästhetischen Formen und Linien.

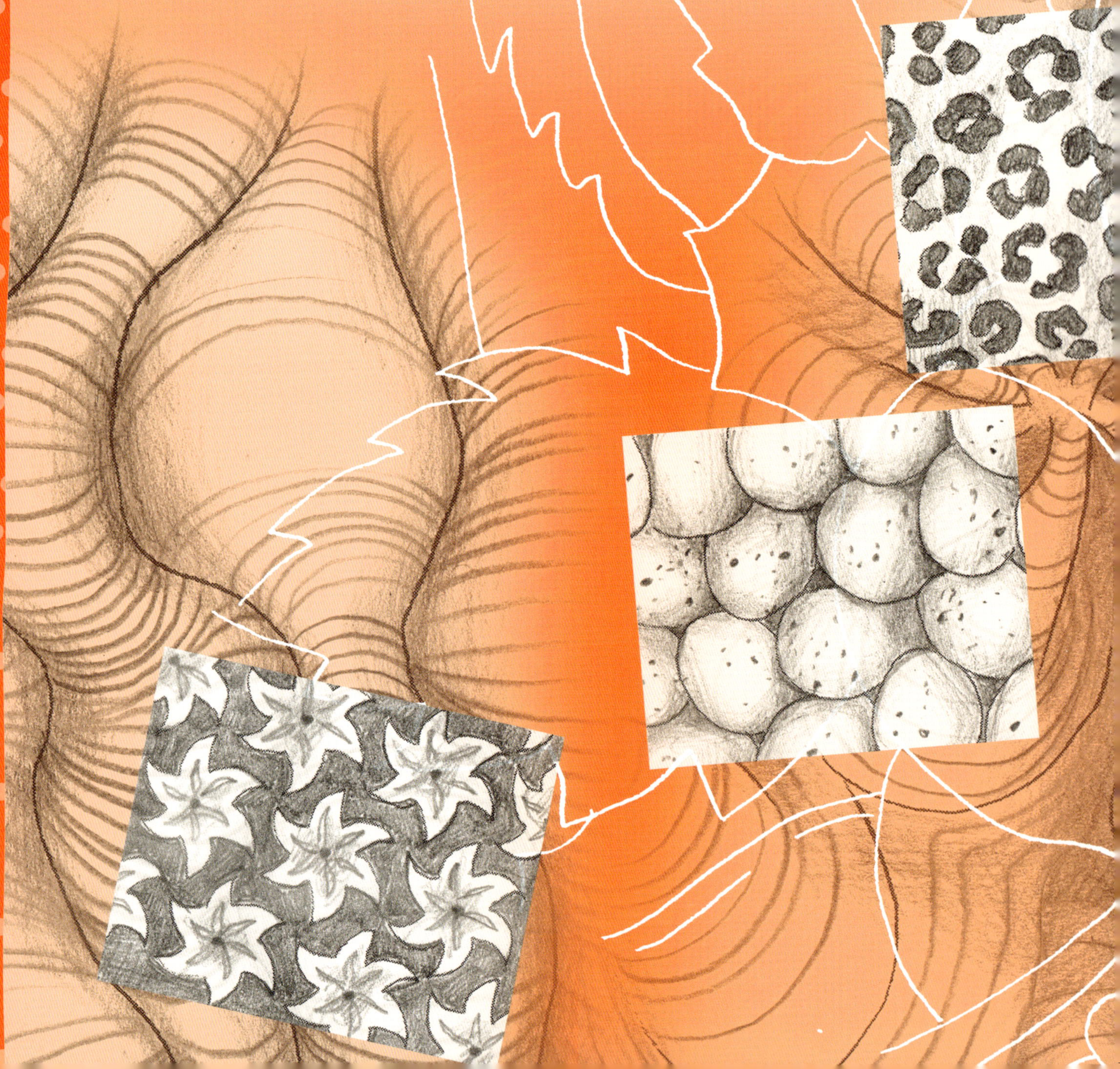

MUSTERTEPPICH

★★☆

Am Anfang dieses Kapitels zeichne wir ein Motiv, bei dem einige der wichtigsten Themen des Grundkurses in einem Bild zusammengefasst sind: Es geht um Strukturen, Muster, Flächen und auch etwas um das Thema Perspektive. Durch die Wölbung der Flächen müssen bei dieser Zeichnung einige Formen perspektivisch angepasst werden.

1

Zeichne zunächst die Bogen auf der linken Seite, dann die auf der rechten Seite.

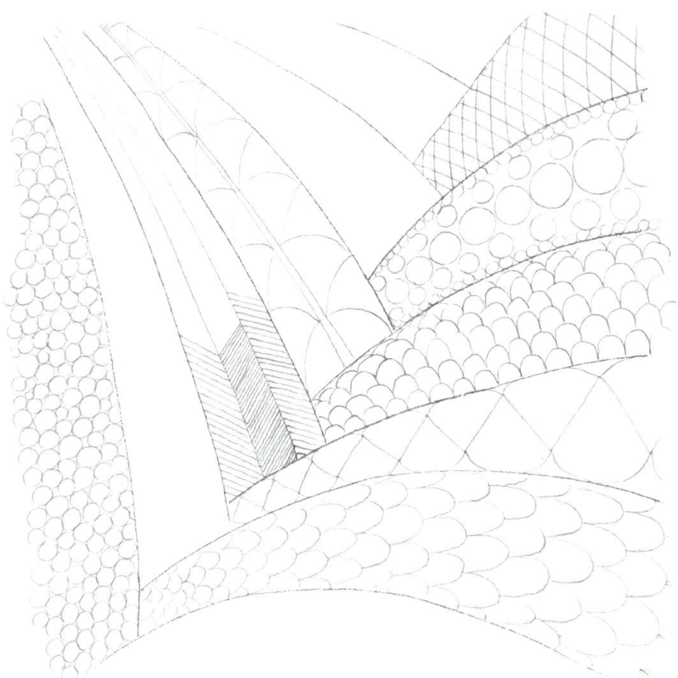

2

Fülle die entstandenen Flächen nach und nach mit den unterschiedlichen Mustern.

Schuppen

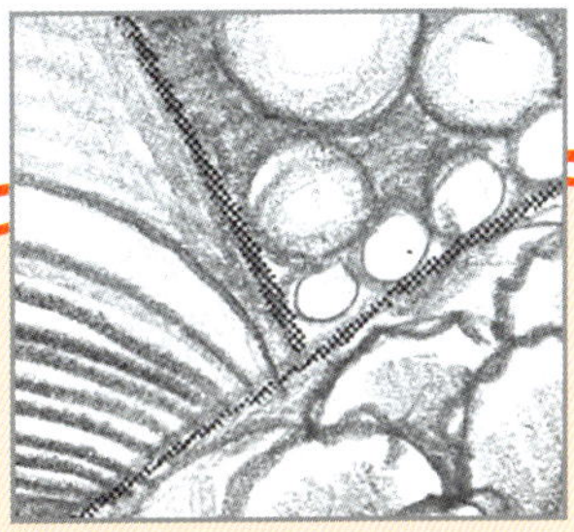

DETAILANSICHT
Das Detail zeigt, wie auf engstem Raum verschiedene Gestaltungen und Techniken aneinanderstoßen. Die Vielfalt macht den Reiz des Bildes aus.

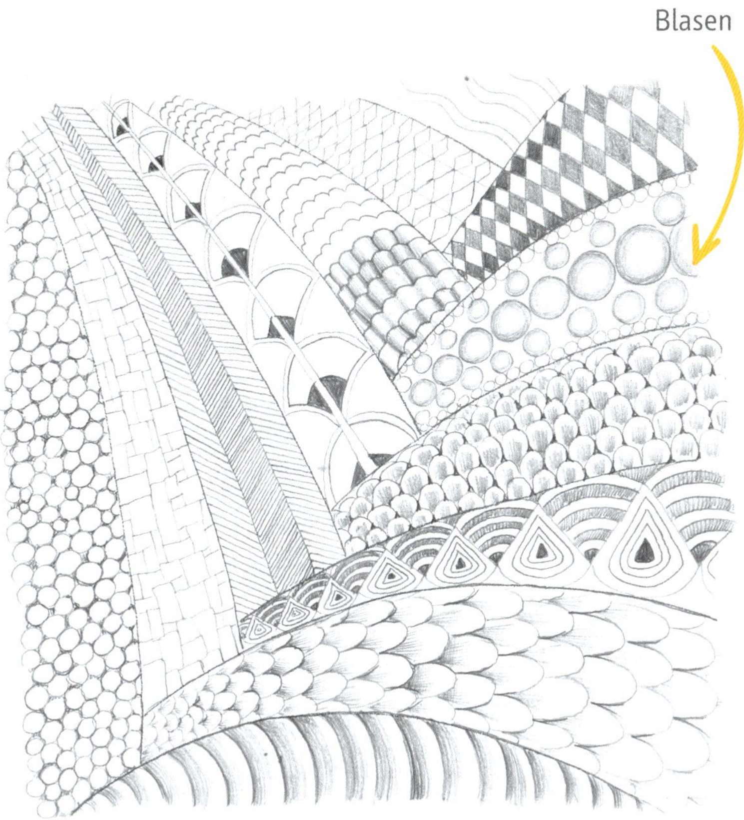

3 Ergänze weitere Muster. Dann beginnst du die einzelnen Flächen mit hellen und dunklen Schraffuren auszugestalten.

4 Gehe bei der Ausgestaltung der Schraffuren immer weiter ins Detail. Schattiere nun zum Schluss die Bereiche zwischen den Flächen noch etwas. Dadurch wirken die gebogenen Flächen plastischer.

PATCHWORK

★☆☆

Dieses Motiv zeigt neun Strukturen, welche reale Oberflächen wie ein Gemäuer, Eierschalen, Geflochtenes oder ein Tierfell darstellen. Die Strukturen sind in Form eines Patchworks zu einem Gesamtbild zusammengefasst. Zeichentechnisch ist dabei jede der neun Varianten separat zu betrachten.

1

Zeichne die Umrisslinien der einzelnen kleinen Flächen und die Formen der verschiedenen Strukturen.

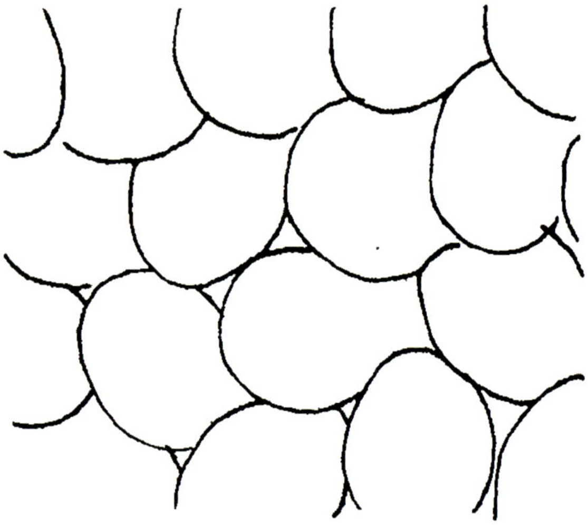

2

Gestalte nach und nach einzelnen Flächen und Formen dunkel, sodass ein Kontrast entsteht.

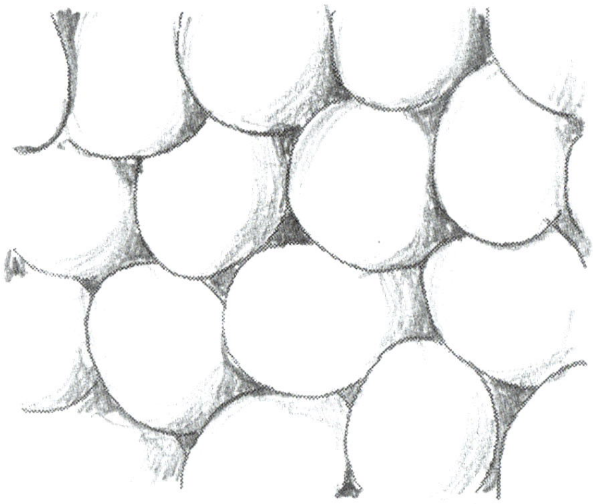

3

Arbeite dann die Strukturen mit weiteren helleren oder feineren Schraffuren genauer aus.

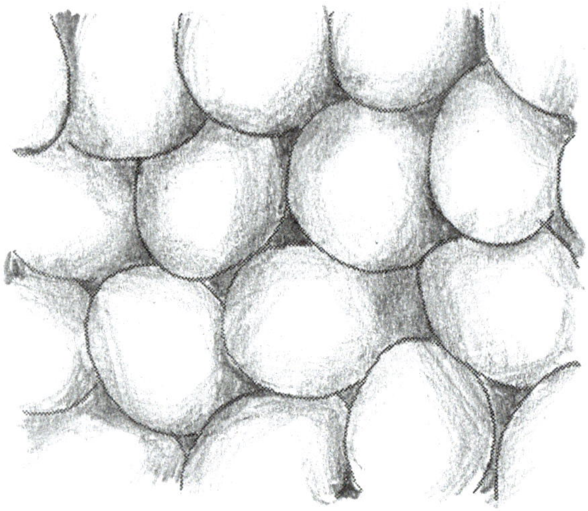

4

Füge am Ende letzte kleine Details hinzu und schattiere die Flächen zu den Rändern hin ab.

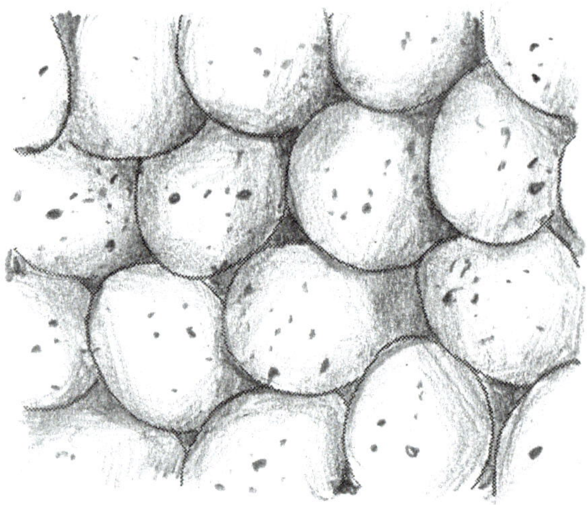

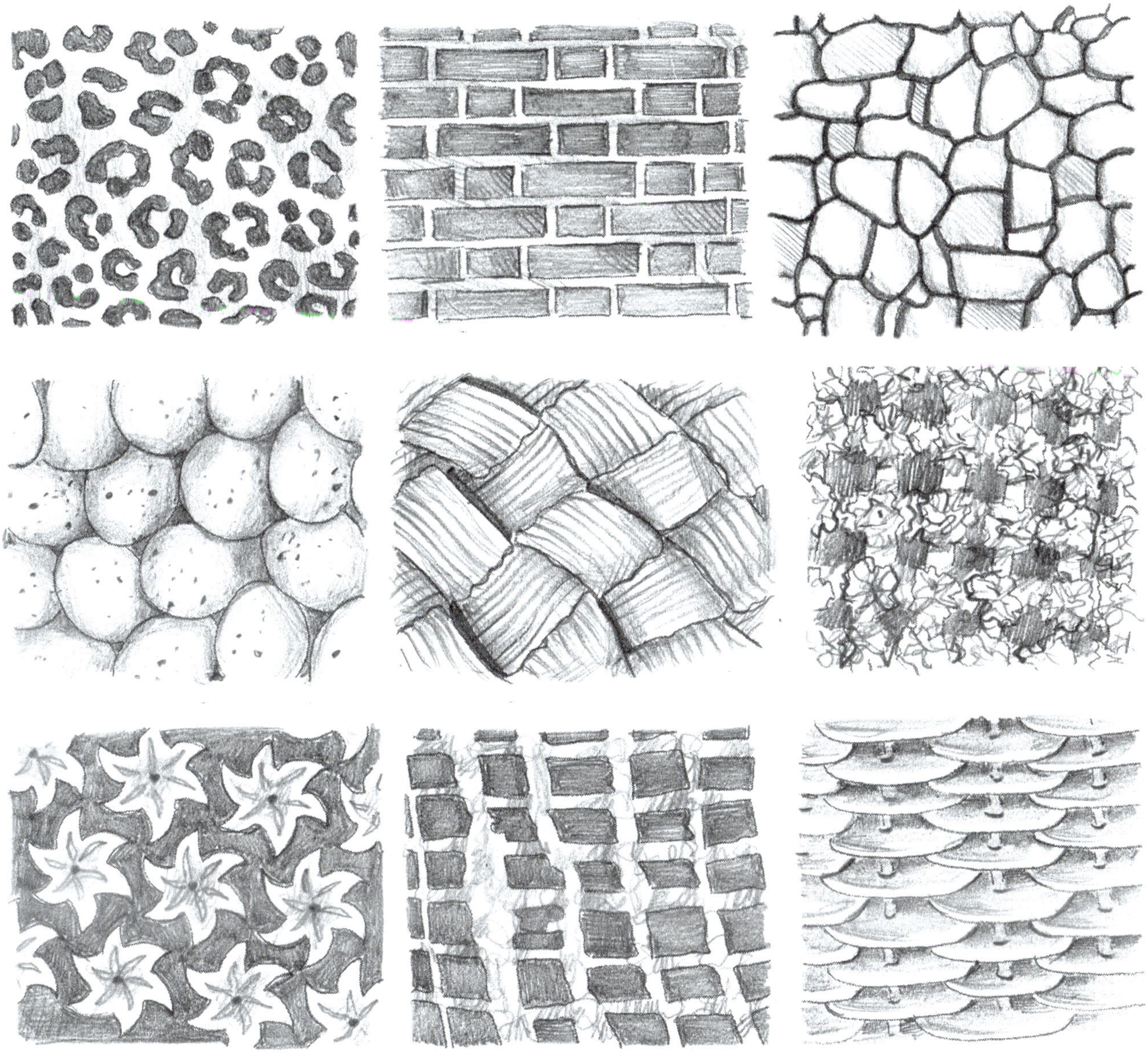

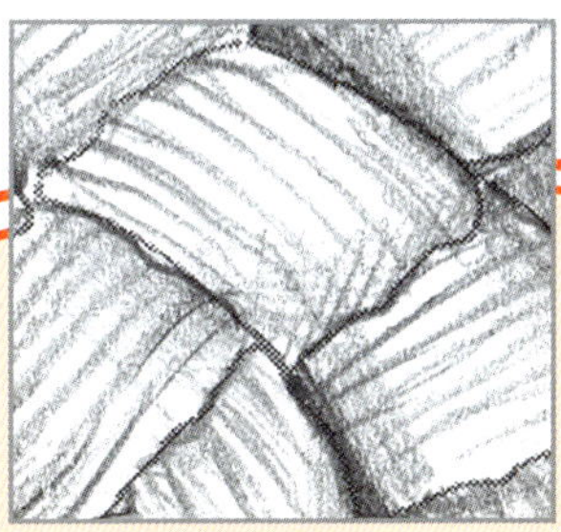

DETAILANSICHT
Das Detail zeigt, dass du Strukturen mit recht einfachen Mitteln und wenigen Strichen stimmig und nachvollziehbar zeichnen kannst.

WELLEN

★★☆

Dieses Motiv, auf Basis der im Grundkurs beschriebenen Technik der Formlinien, gehört in die Kategorie der optischen Täuschungen. Die Wellen, welche sich aus dem Papier zu wölben scheinen, wirken geradezu greifbar nah. Dabei ist die Zeichentechnik für dieses Motiv ganz einfach und kann schnell nachvollzogen werden.

1

Zeichne einige Wellenlinien auf das Blatt, die mal mehr und mal weniger Abstand zueinander haben.

2

Gestalte die einzelnen Zwischenräume nach und nach mit Formlinien, welche sich in unterschiedlicher Dichte über die Flächen wölben.

gebogene Schraffurlinien

3 Setze die Arbeit aus Schritt 2 fort, bis alle Flächen mit Bogenlinien gefüllt sind.

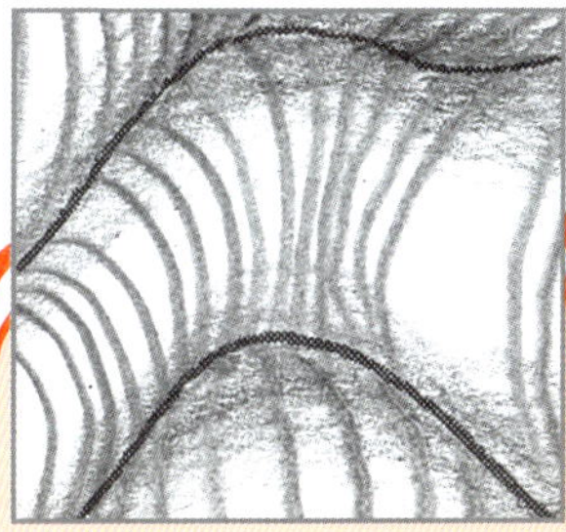

DETAILANSICHT
Das Detail zeigt, wie einfach aus ein paar Wellenlinien mit vertikalen Formlinien gewölbten Formen entstehen.

4 Schattiere die Bereiche an den Rändern der Flächen ab, sodass die einzelnen Wellen noch plastischer wirken.

STRUDEL

★★☆

Bei diesem Bild wird die gleiche Technik angewandt wie bei dem Wellenmotiv, nur sind die Ausgangsformen anders und etwas komplexer. Aus blütenähnlichen Formen entstehen durch den Einsatz von Formlinien ineinandergreifende dichte Strudel, die den Blick geradezu in sich hineinziehen.

1

Zeichne zunächst die Konturen, welche an Blüten erinnern. Ergänze die inneren Linien, die jeweils von der Mitte der Blüten ausgehen.

2

Ausgehend von der Mitte der Blütenformen zeichnest du erste Formlinien ein. Der Abstand zwischen den Linien nimmt nach außen hin immer weiter zu.

3

Fülle nach und nach alle Flächen des Motivs mit Formlinien.

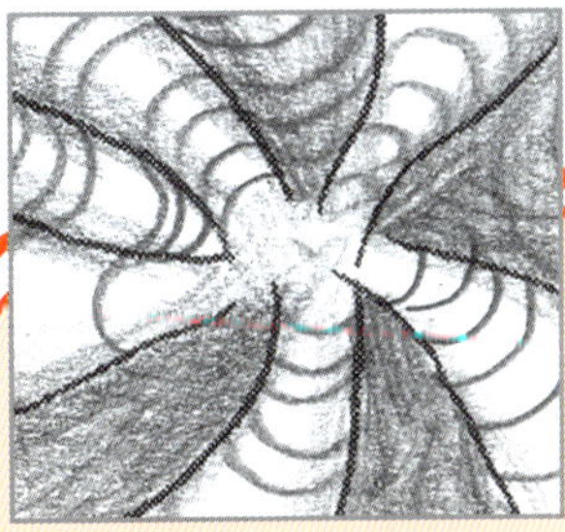

DETAILANSICHT
Das Detail zeigt die Mitte eines Strudels mit den kleinen Formlinien. Die dunklen Schattierungen heben die nach oben gewölbten Formen hervor.

4

Schattiere die Zwischenräume wie abgebildet dunkel, sodass die einzelnen Strudel dreidimensional erscheinen.

IM UNTERHOLZ

★★☆

Das Bild zeigt mehrere unterschiedliche Blattformen, dazu Zweige, Formen, die an Beeren erinnern und dazwischen noch Spinnennetze. Es ist eine freie künstlerische Interpretation eines Herbstmotivs, die natürliche Muster aufgreift.

1 Gestalte im ersten Schritt eine Fläche aus verschiedenen Blattformen, Zweigen und ein paar Beeren.

Beerenform

2 Zeichne in die Blattformen kleine Details wie die Blattadern. Die Spinnennetze bekommen erste Fäden.

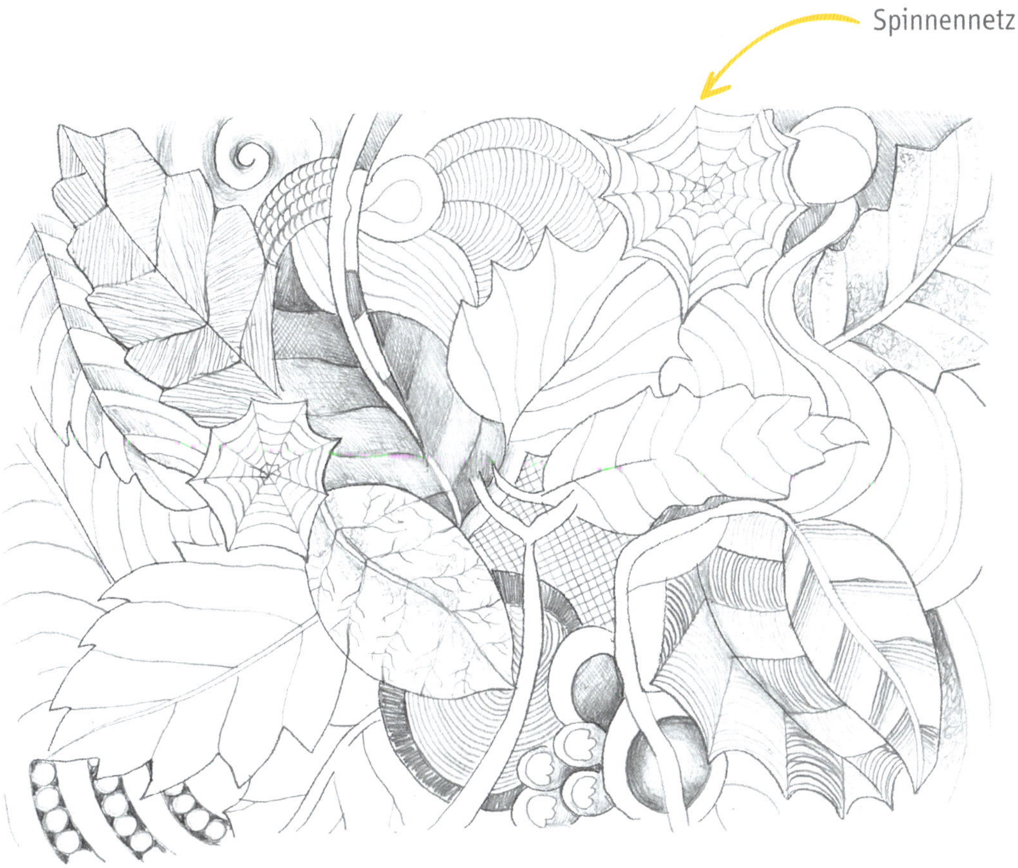

3

Fang an, die Blätter und anderen Formen mit unterschiedlichen Flächen und Strukturen zu füllen.

4

Gestalte die Bildelemente fertig aus und schattiere am Ende die Bereiche unter den einzelnen Blättern dunkel ab.

ABSTRAKT

★★☆

Was ist hier zu sehen? Es könnten Blätter sein, eng stehende Strohschirme von oben oder eine unterm Mikroskop vergrößerte organische Oberfläche. Interessant sieht dieses Motiv auf alle Fälle aus. Die strahlenförmig nach außen ausgerichteten Linien sind außerdem eine neue technische Gestaltungsvariante, welche du anhand dieses Motivs üben kannst.

1

Zeichne die Konturen der einzelnen Flächen. Achte darauf, dass die Größen und Formen dabei variieren.

strahlenförmige Linien

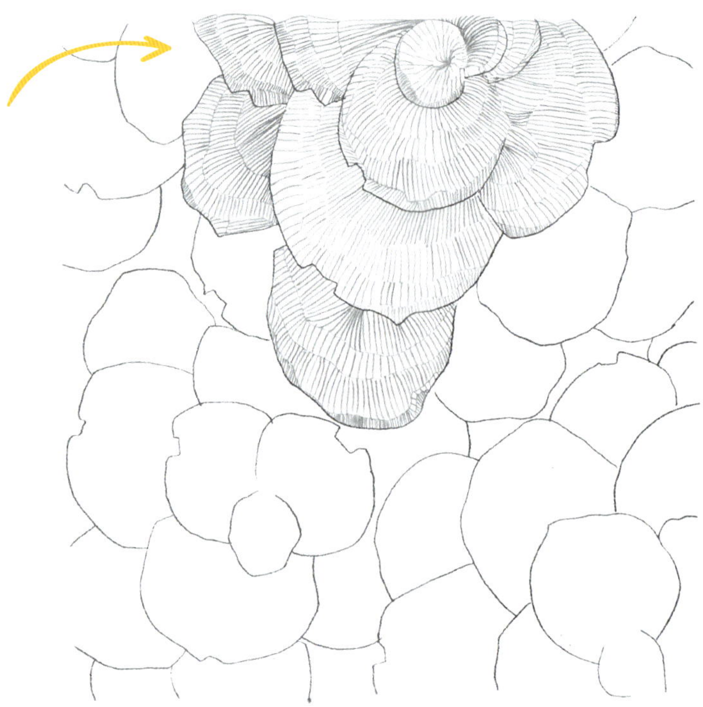

2

Gestalte erste Flächen mit strahlenförmig nach außen verlaufenden Linien, welche in Abschnitten mal dichter und mal weiter angeordnet sind.

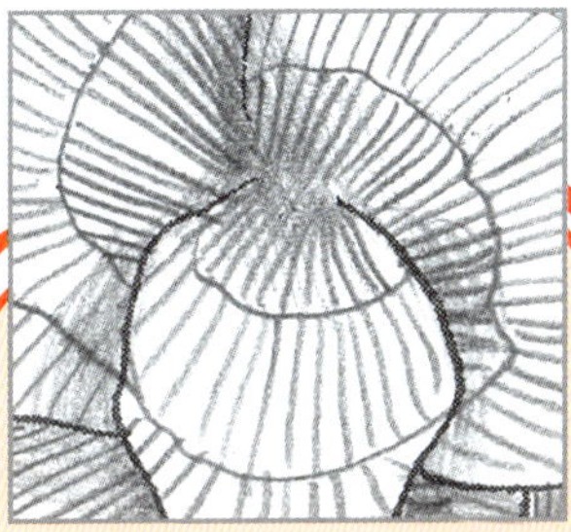

DETAILANSICHT
Im Detail wird deutlich, wie sich die strahlenförmigen Linien zur Mitte hin verdichten. Dadurch wirken die Mitten dunkler.

3 Führe diese Arbeit fort, bis alle Flächen des Motivs gefüllt sind.

Das ist schon super!

Schlagschatten

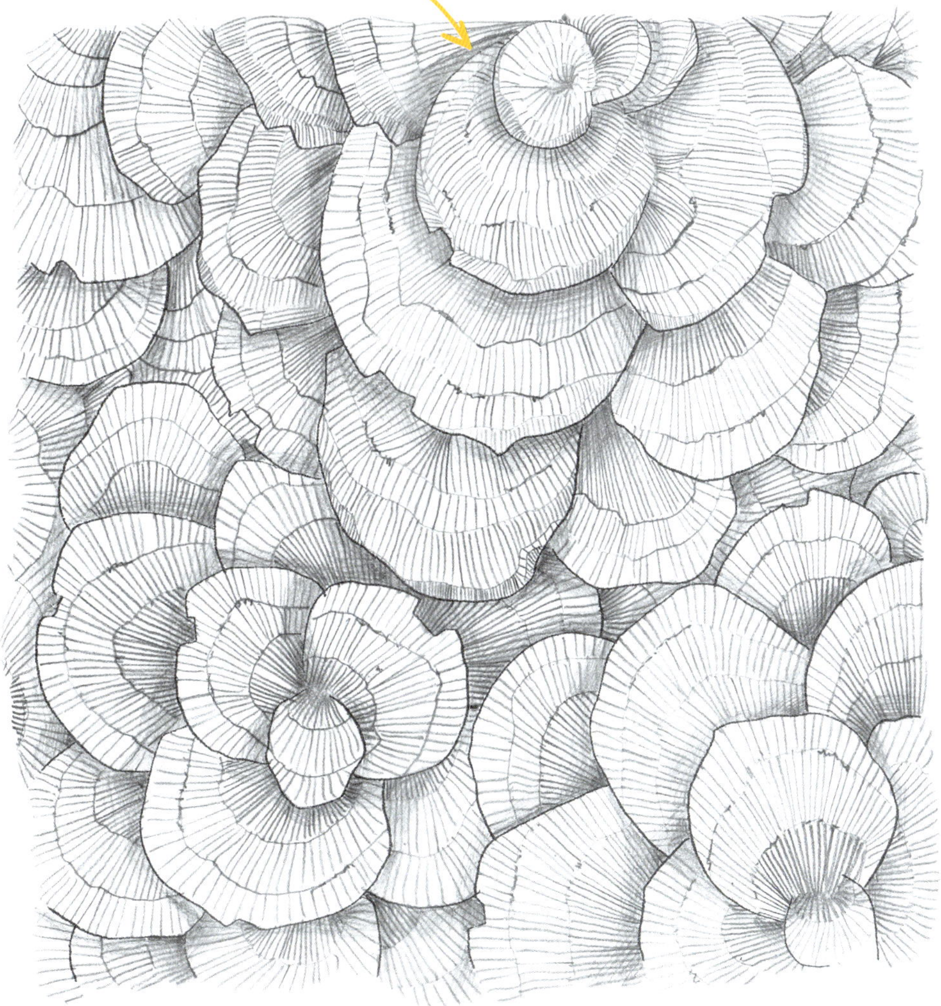

4 Schattiere zum Abschluss die Bereiche unterhalb jeder einzelnen Fläche dunkel ab, sodass der Eindruck sich überlappender Formen entsteht.

Für kleine Profis

TECHNIKEN SPEZIAL

Es gibt unterschiedliche Möglichkeiten, sich dem Thema Zeichentechniken zu nähern. Nach den kontrollierten, eher klassischen Themen sind in diesem Kapitel spontane, kreative und spielerische Gestaltungsideen zusammengefasst. Dabei steht weniger der gekonnte Einsatz von Hilfslinien oder Perspektive im Vordergrund als vielmehr interessante künstlerische Techniken.

SCHNELLES SKIZZIEREN

★★☆

Was man unter einer Skizze versteht, ist dir bestimmt bekannt, nämlich das schnelle zeichnerische Erfassen eines Lebewesens, eines Gegenstandes oder auch einer Situation oder Landschaft. Doch selbst beim Skizzieren gibt es technische und stilistische Unterschiede. Bei dem Motiv der Orang-Utan-Mama mit ihrem Baby geht es um das schnelle Erfassen der Tiere in ihrer Position.

1

Skizziere zunächst mit ganz wenigen Strichen den Baum und den Körper der Tiere. Platziere dann die zwei einfachen Gesichter.

Baumkontur

2

Mit weiteren Linien deutest du nun das Fell und die Rinde des Baums an.

3

Setze die Arbeit aus Schritt 2 fort, bis sich nach und nach der Körper, das Fell und die Baumstruktur hervorheben.

DETAILANSICHT
Das Detail zeigt das Gesicht, das mit nur wenigen Strichen und Punkten eindrucksvoll gestaltet ist. Das Merkmal einer guten Skizze.

4

Gestalte die Schattenbereich am Baum und am Fell dunkler und arbeite die Gesichter noch weiter aus.

BILDHAFTES SKIZZIEREN

★★☆

Der Übergang von einer Skizze zu einem fertigen Bild in Form einer detailliert ausgearbeiteten Zeichnung ist fließend. Je weiter man eine Skizze ausarbeitet und umso mehr man auch kleine Bildelemente ausgestaltet, umso mehr wird es ein richtiges Bild. Bei dem Motiv auf dieser Doppelseite wird aus den ersten skizzenhaften Strichen am Ende das Bild eines süßen Kätzchens.

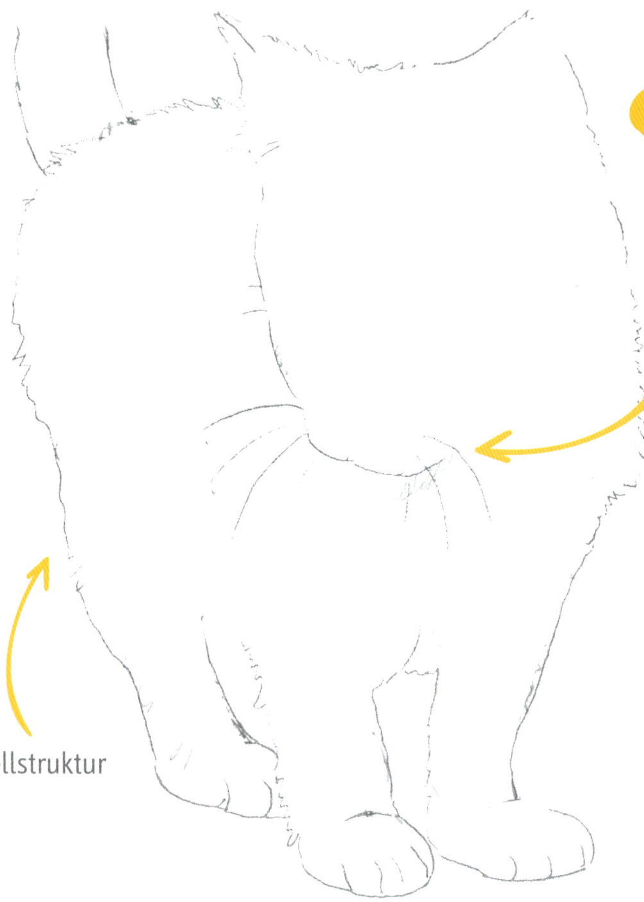

1 Skizziere zunächst grob die Umrisse des Motivs. Achte dabei darauf, dass die Konturen schon die Struktur des Fells zeigen.

2 Füge erste dunkle, skizzenhafte Fellstrukturen ein. Gestalte auch die dunklen Bereiche an den Augen und der Nase.

3

Arbeite die Skizze so aus, dass das Muster des Fells sichtbar wird und sich die Schattenbereiche deutlich von den hellen Flächen abheben.

4

Vollende die Fellstrukturen und die Details im Gesicht. Höre rechtzeitig mit dem Zeichnen auf, damit das Bild noch seinen skizzenhaften Charakter behält.

Schatten unter den Pfoten

DETAILANSICHT
Das Detail zeigt dir, dass es nur wenige Linien und Flächen benötigt, um das Gesicht der Katze darzustellen. Gezeichnet wurde mit einem lockeren Strich.

KREATIVES SKIZZIEREN

★★☆

Bei diesem Motiv wurden freien Schraffuren für eine einzigartige Tierskizze verwendet. Die Schraffuren sind nicht durch die Konturen des Motivs abgegrenzt, sondern laufen in einem dichten Geflecht über die Konturen hinweg. Im Grundkurs ist ein Pferd auf ähnliche Weise gestaltet worden.

1 Zeichne zunächst die Konturen des Nilpferds und ergänze die kleinen Details am Kopf und im Gesicht des Tiers.

2 Skizziere grob die dunklen Schattenbereiche des Motivs sowie die kleinen dunklen Augen und Nüstern.

Das ist schon super!

3

Erzeuge ein Liniengeflecht, welches über die Konturen des Nilpferds läuft.

Für kleine Profis

4

Arbeite das Liniengeflecht immer weiter aus, bis es ganz dicht ist. Bei den dunklen Bereichen des Motivs muss das Geflecht dunkler und dichter sein.

verkleinerte Ansicht

KLEINE KÜNSTLER

Statt freien Schraffuren hat Laura, 11 Jahre, Formlinien verwendet, um das Nilpferd zu gestalten. Das sieht toll aus!

STUDIEN

★★★

Skizzen lassen sich nicht nur für kurze Momentaufnahmen oder kreative Techniken einsetzen, sie eignen sich auch sehr gut für Bewegungsstudien, Entwürfe von unterschiedlichen dynamischen Posen. Der schelle, spontane Strich passt perfekt zum Thema Bewegung.

1

Als Erste zeichnest du die sogenannte Actionline, hier jeweils blau dargestellt. Diese gibt die grobe Bewegungsrichtung vor. Dazu kommen erste Linien der Körper passend zur Actionline.

2

Arbeite die einzelnen Körperteile über die Konturen genauer aus.

Das ist schon super!

3 Verfeinere die Konturen und füge erste kleine Schraffuren in den Schattenbereichen der Körper hinzu.

dynamische Konturen

Für kleine Profis

4 Ergänze kräftigere Schatten und zeichne jeweils ein Stück Boden unter den Füßen.

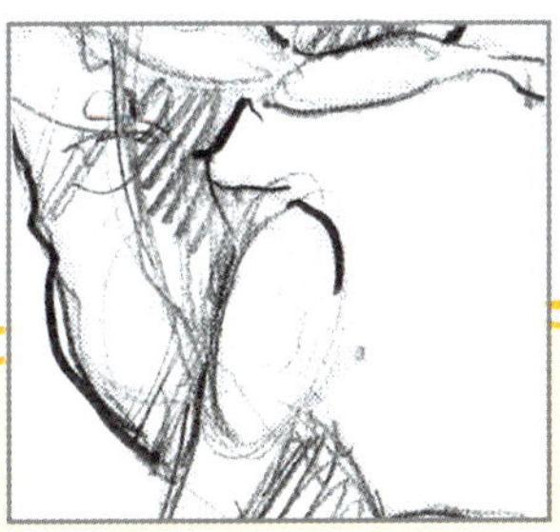

DETAILANSICHT
Das Detail verdeutlicht, wie wenige schnelle, teils kräftige Striche genügen, um eine Bewegung darzustellen.

GALOPP

★★☆

Führen wir das Thema Bewegung weiter aus und zeichnen das Bild eines Pferdes im Galopp. Um die Dynamik der Bewegung gut rüberzubringen, bedarf es einer besonderen Zeichentechnik, welche hier dargestellt ist. Dabei werden die Konturen des Tiers aufgebrochen, teilweise verändert und verschoben und Linien hinzugefügt, welche ausschließlich die Dynamik beschreiben. Vor allem wurde das Motiv jedoch schnell gezeichnet.

1

Zeichne zunächst die Konturen des Körpers mit Beinen und Kopf. Ergänze dann das Gesicht, den Schwanz und das hinterste Bein. Erste Linie zeigen, in welche Richtung die Erde wegspritzt.

2

Schraffiere die Schattenbereiche am Körper des Pferds dunkel. Zeichne an den Linien der aufstobenden Erde weiter.

einzelne Erdteilchen

3 Gestalte ein Geflecht an freien Linien, welche die Konturen umspielen und die Muskelbereiche andeuten.

Das ist schon super!

DYNAMIK
In dieser Ansicht sind die Bereiche blau gefärbt, welche die Dynamik der Bewegung verdeutlichen: die Mähne, der Schweif und die aufgewirbelte Erde.

Für kleine Profis

4 Führe die freien Linien weiter fort und arbeite auch die aufgewirbelte Erde aus, welche die Kraft der Bewegung zeigt.

SPRINT

★★☆

Zum Abschluss des Themas Bewegung ist hier noch eine weitere technische Variante dargestellt. Im Gegensatz zu dem Pferd, bei dem die Linien frei und wild den Köper beschrieben haben, sind bei dem Läufer die Linien ganz gerade und ausschließlich in die Bewegungsrichtung ausgerichtet. Dadurch betonen sie die Absicht des Athleten, mit viel Kraft und Geschwindigkeit nach vorne zu laufen.

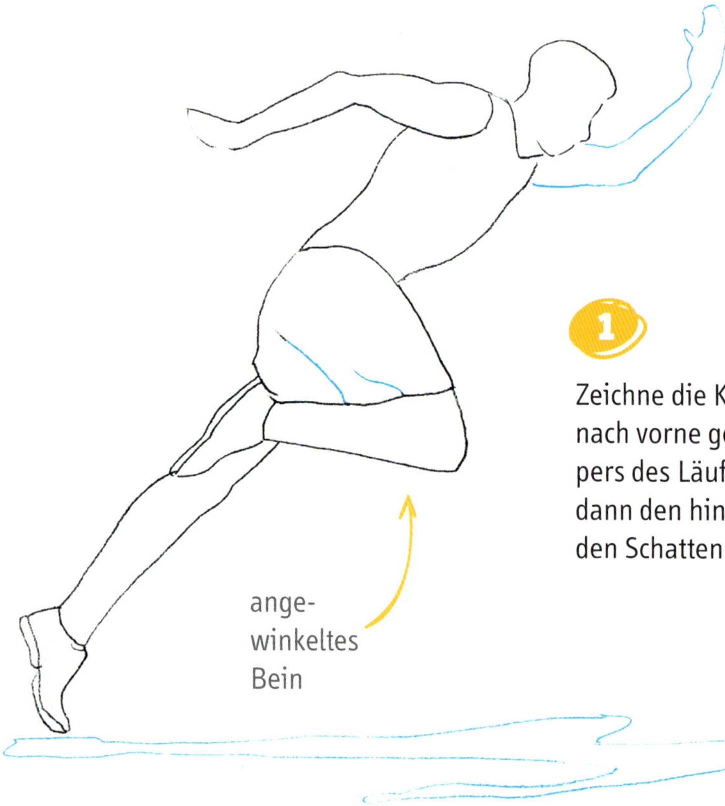

1

Zeichne die Konturen des nach vorne geneigten Körpers des Läufers. Ergänze dann den hinteren Arm und den Schatten am Boden.

2

Schraffiere den ganzen Körper des Athleten in horizontale Richtung. Achte dabei auf die unterschiedlichen Helldunkelwerte. Zeichne die Schraffuren für die Bewegung bewusst links über die Konturen.

Das ist schon super!

3

Gestalte ebenfalls in horizontaler Richtung mit feineren Schraffuren die kleineren Details an Kleidung und Körper. Arbeite den Schatten am Boden weiter aus.

langer Schatten

DYNAMIK
Dieses Bild zeigt, mit welchen zeichnerischen Mitteln die Bewegung dargestellt wird: die horizontalen Schraffuren, parallel zur Bewegungsrichtung (orange) und die sogenannten Speedlines (blau).

Bewegungslinien

Für kleine Profis

4

Zum Schluss verfeinerst du den Kontrast zwischen hell und dunkel. Arbeite die Schraffuren am linken Rand des Läufers, die Speedlines, fertig aus.

HUND

★★☆

Auf den nächsten Seiten beschäftigen wir uns mit der Abreibetechnik - auch Frottagen genannt -, welche bereits im Grundkurs näher beschrieben wurde. Ziel ist es, Strukturen und Oberflächen mit wenig Aufwand auf Papier zu übertragen. Daraus lassen sich dann im weiteren Ablauf Figuren, Gegenstände oder Landschaften entwickeln, so auch dieser kleine Hund.

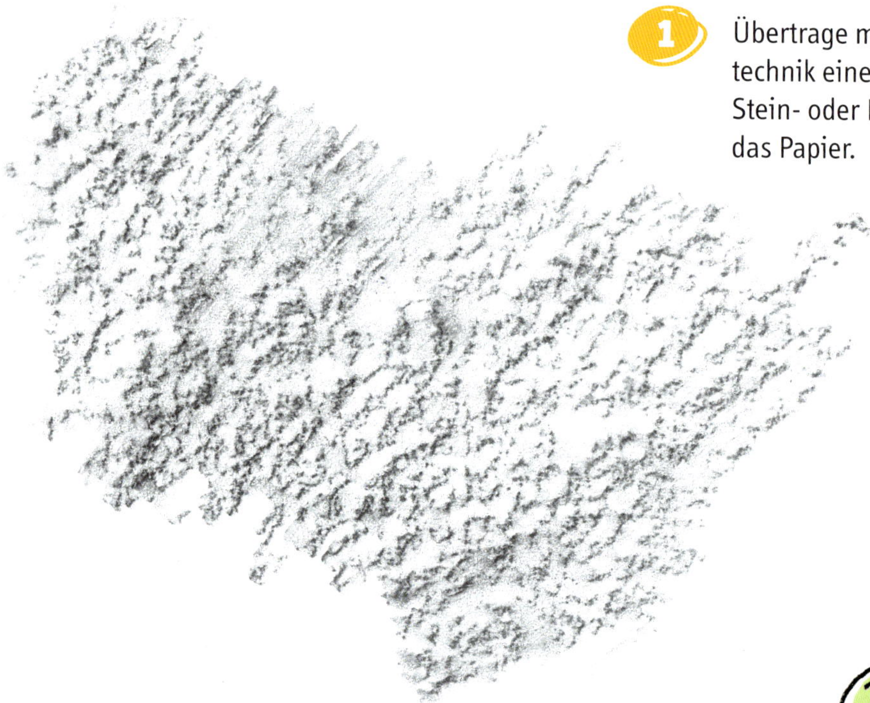

1 Übertrage mittels der Abreibetechnik eine grob strukturierte Stein- oder Betonoberfläche auf das Papier.

große Nase

2 Zeichne dann auf die strukturierte Fläche Nase, Auge und Ohr des Hundes ein.

3 Mit feinen Schraffuren und Konturen arbeitest du den Kopf und dessen Kontur aus.

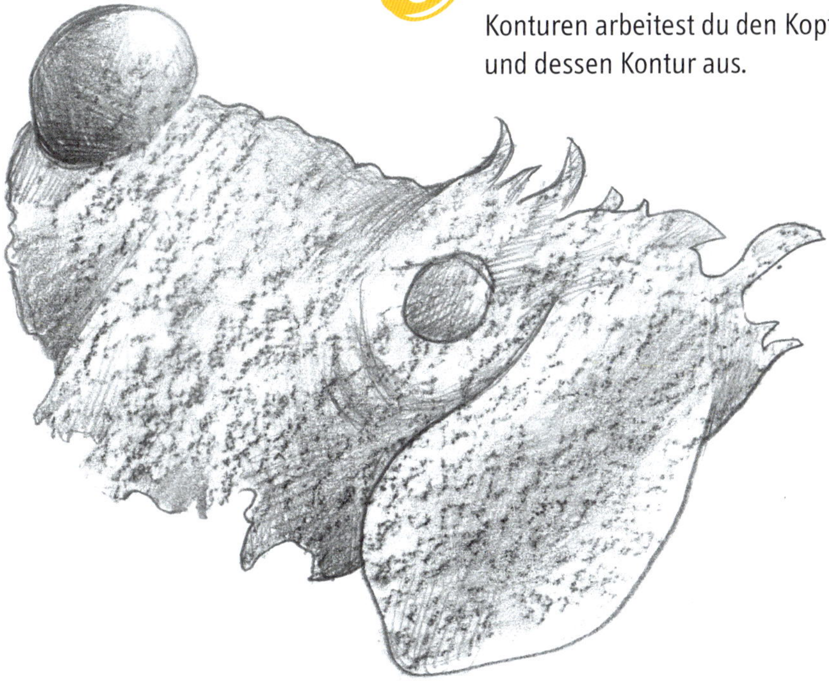

4

Verfeinere die Details und ergänze ein kleinen Hundekörper in passendem Stil.

Schatten am Boden

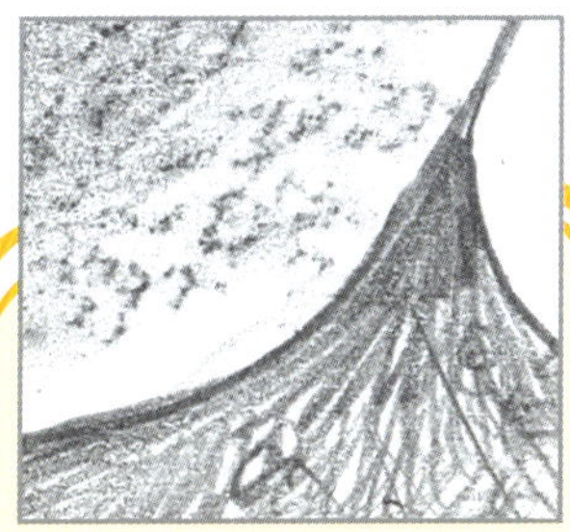

DETAILANSICHT
Das Detail zeigt den Übergang zwischen dem frottierten Kopf und dem Körper mit gezeichneter Struktur.

EINZELLER

☆☆☆

Die Abreibetechnik eignet sich nicht nur für figürliche Darstellungen, sondern auch für Landschaften oder abstrakte Formen. Surrealisten haben Abreibetechniken für Bilder ihre Traumwelten und Visionen verwendet. Das Motiv auf dieser Seite könnte ein Wesen aus einer unbekannten Welt sein, gleichzeitig erinnert es auch an mikroskopische Aufnahmen von Amöben, Bakterien, Viren oder auch Plankton.

1

Bei diesem Motiv wurde als Struktur die Oberfläche eines Tisches mit mosaikartigem Muster übertragen.

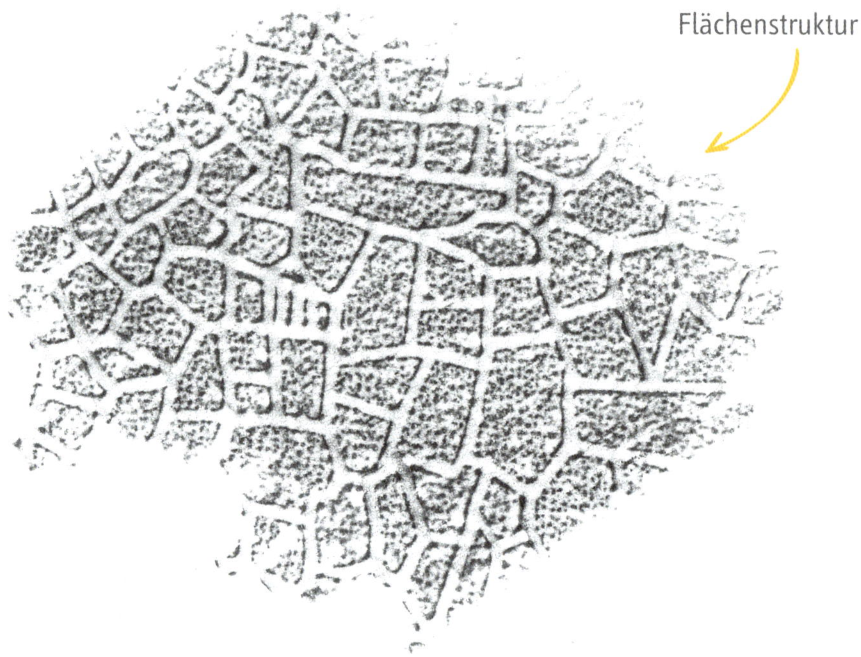

2

Zeichne die stachelartige Kontur um die Fläche herum und begrenze die Fläche selbst mit einem Rand.

3

Gestalte den Rand um die frottierte Fläche dunkel. Schraffiere die feinen Flächen der vielen einzelnen Stachel.

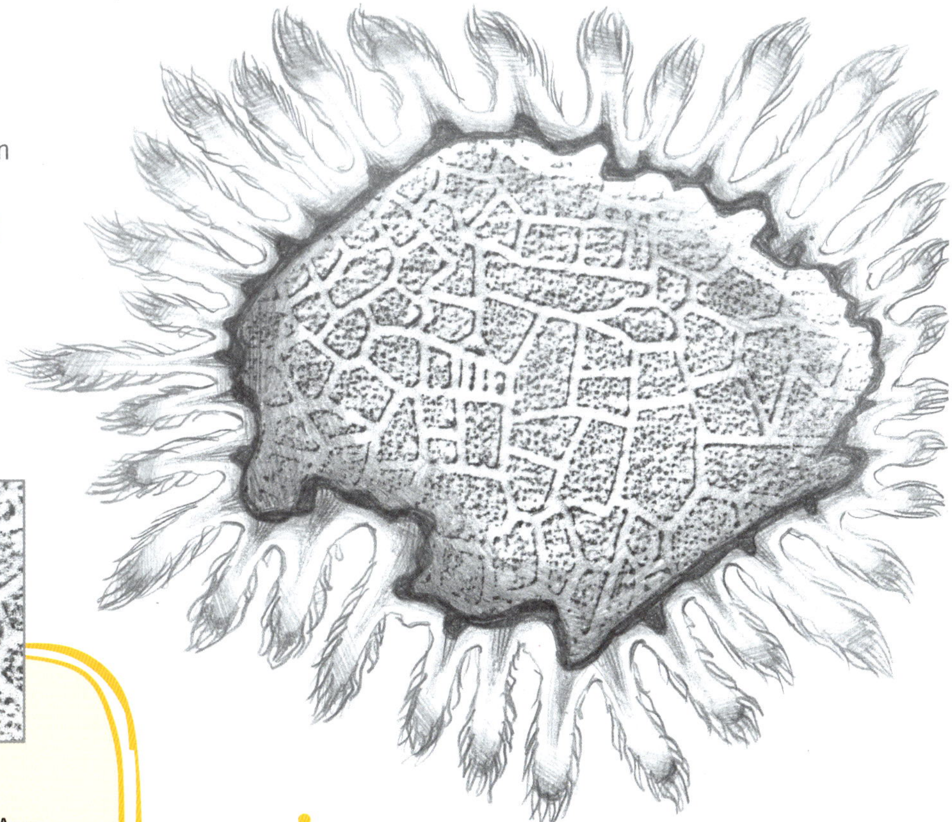

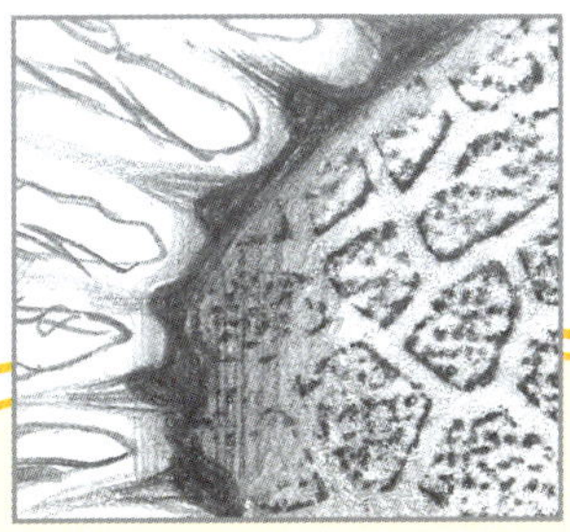

DETAILANSICHT

Das Detail zeigt einen Ausschnitt, bei dem die frottierte Fläche durch den dunklen Rand begrenzt wird, an den die handgezeichneten Stachel angrenzen.

4

Arbeite die Stachel mit Härchen an den Spitzen aus. Ergänze zum Schluss Schattierungen innerhalb der Fläche.

FREMDE KREATUREN

★☆☆

Zum Abschluss der Abreibetechnik, weil es so Spaß macht, findest du hier noch zwei Motive. Im Gegensatz zu dem Hund im Comicstil handelt es sich um zwei Lebewesen, welche zwar an real existierende Tiere erinnern, jedoch in ihrer abgewandelten Form neue, fremdartige Wesen darstellen.

MONDVOGEL-KÜKEN

1 Wie beim Hund wurde hier eine Steinoberfläche frottiert.

2 Skizziere passend zur Fläche die Körperteile und Details des Vogels.

3 Mit Schraffuren und kleinen Flächen arbeitest du den Vogel weiter aus.

4 Schattiere den Körper und deute den Boden an.

URZEITKROKODIL

1 Übertrage die Struktur eines festen groben Stoffs.

2 Zeichen die Konturen des Tiers um die Fläche herum.

3 Arbeite die Details rund um die frottierte Fläche mit Schraffuren aus.

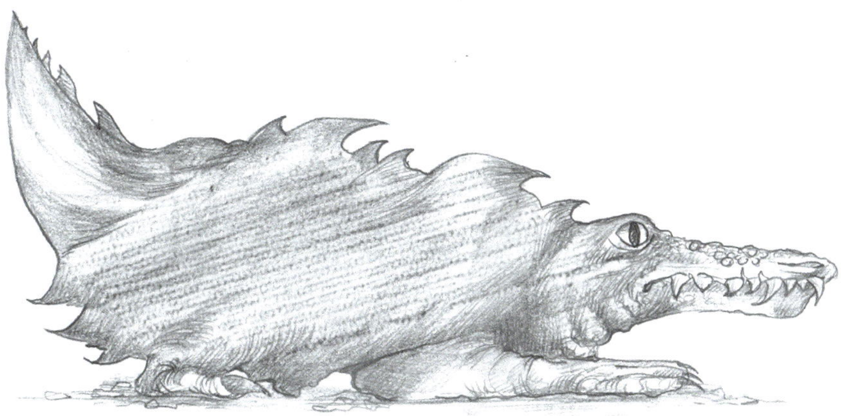

4 Mit weiteren Schraffuren und Schattierungen vollendest du das Motiv.

BALLERINA

Widmen wir uns einer weiteren ungewöhnlichen Gestaltungsvariante: der sogenannten One-Line-Technik. Wie im Grundkurs gezeigt, wird dabei das zu zeichnende Motiv mithilfe nur einer einzigen zusammenhängenden Linie dargestellt. Diese wird gezeichnet, ohne den Stift auch nur einmal abzusetzen. Nach dem Grundkurs bist du bereit für ein etwas komplexeres Motiv wie die Ballerina.

1

Die Linie fängt an der Fußspitze an und verläuft über den Rock hoch zum ausgestreckten Arm.

2

Vom oberen Arm aus zeichnest du den Kopf mit Gesicht und anschließend den abgesenkten Arm sowie das Oberteil.

3

Nach dem Oberteil wird das Muster des Rocks gezeichnet und schließlich das zweite Bein.

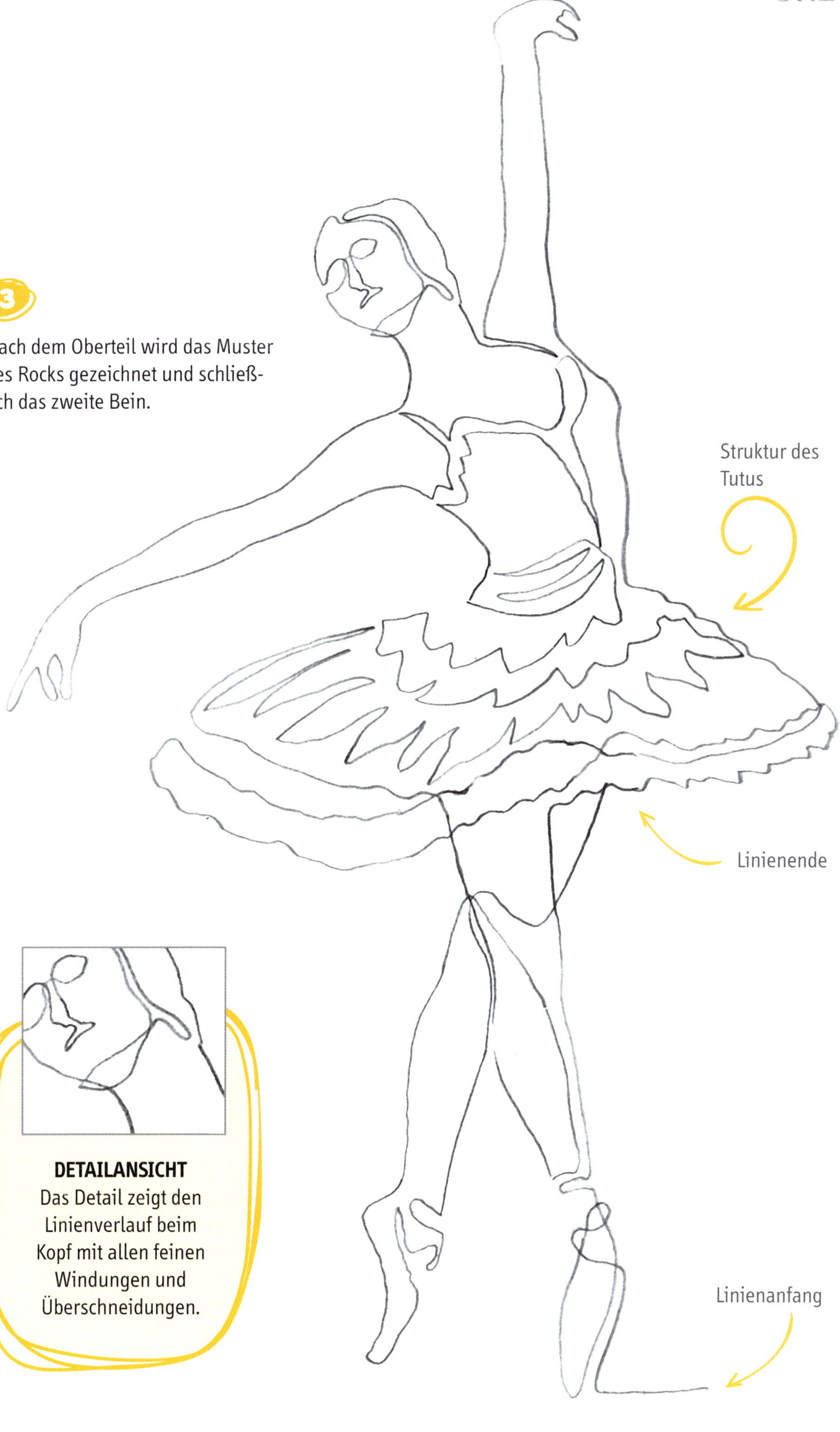

DETAILANSICHT
Das Detail zeigt den Linienverlauf beim Kopf mit allen feinen Windungen und Überschneidungen.

BALLERINA GESTALTUNG

★★☆

Motive, die mit der One-Line-Technik gestaltet wurden, können danach mit anderen Techniken weiter ausgearbeitet werden. Das erzeugt spannende Effekte. Die Ballerina auf dieser Seite wurde zunächst wie das Motiv zuvor gezeichnet, doch anschließend mit Schraffurlinien verfeinert.

1 Beginne die Linie an der Fußspitze. Von dort zeichnest du ein Bein und das Tutu und einen Arm.

2 Vom Arm ausgehend verläuft die Linie weiter über die Schulter und das Gesicht hoch zum zweiten Arm.

4 Für kleine Profis

Nun arbeitest du das Motiv mit Schraffuren aus. Diese Schraffuren werden ganz kontrolliert, grafisch präzise und je nach Fläche mit unterschiedlichen Linienabständen eingezeichnet.

Linienanfang

Linienende

Das ist schon super!

3 Zeichne die Linie weiter über den Oberkörper, zum Tutu bis hinunter zum zweiten Bein.

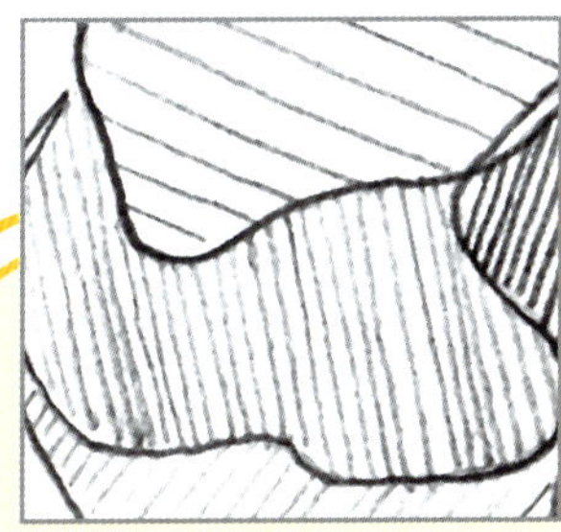

DETAILANSICHT
Das Detail zeigt den interessanten Kontrast zwischen den regelmäßigen Schraffuren und den freien Konturlinie der Ballerina.

FUSSBALLER

★★★

Zum Abschluss der One-Line-Technik schauen wir uns noch eine deutlich komplexere Szene mit zwei Fußballern an. Wenn du ein solches Motiv auswählst, dann mach dir vorab eine Skizze deiner Linie, sodass du sie nachher sauber und mit einem Strich durchzeichnen kannst.

1. Die Linie setzt an der Fußspitze des linken Fußballers an und verläuft dann Richtung Kopf.

2. Vom ersten Kopf zeichnest du direkt weiter über den zweiten Kopf, hinunter zum Bein des zweiten Fußballers.

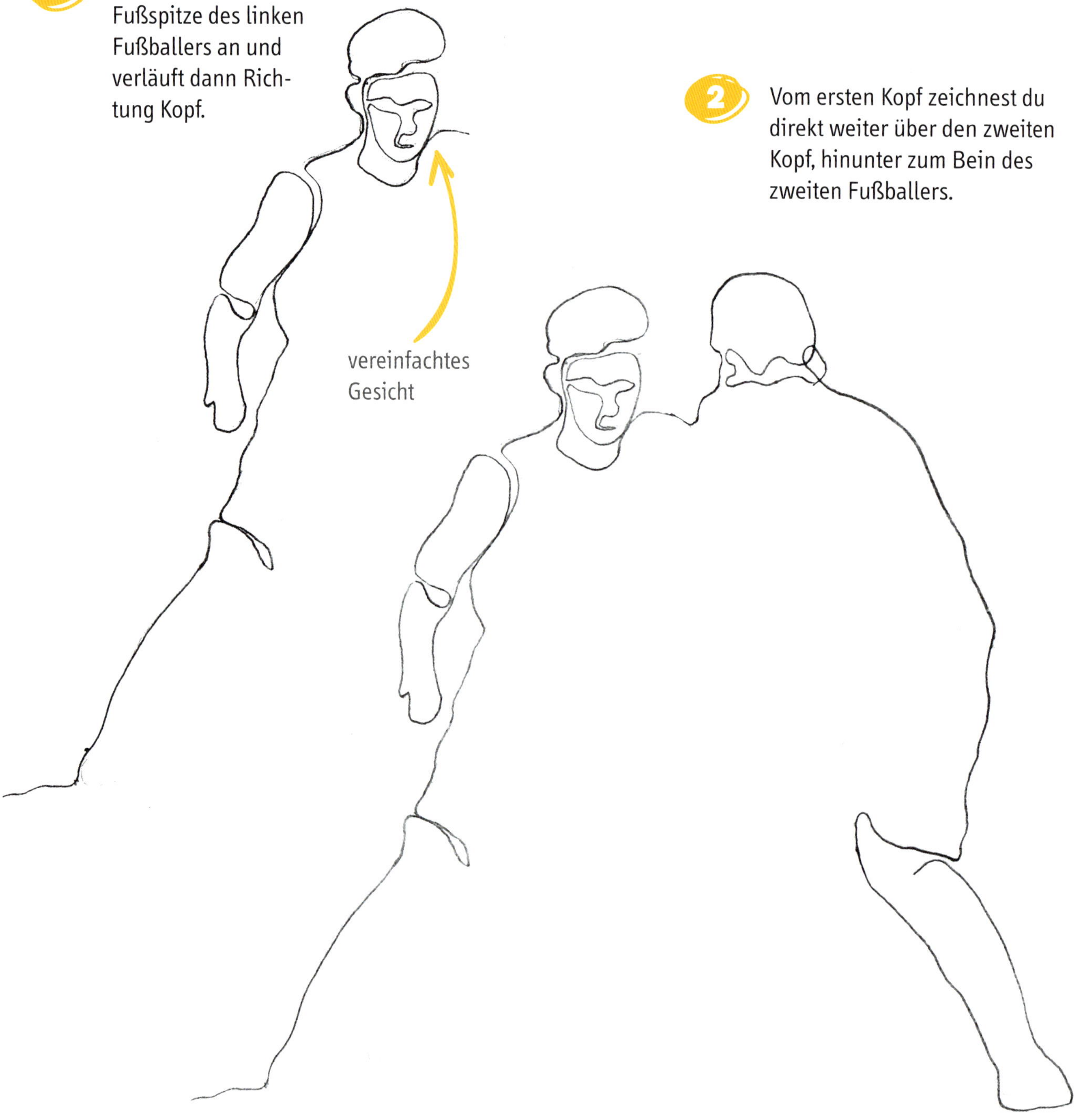

3

Als Nächstes folgt die Linie dem Verlauf des zweiten Beins des rechten Fußballers.

4

Nach dem Bein verläuft die Linie entlang der beiden Körper zum zweiten Bein des linken Fußballers und über den Ball zurück zum ersten Bein, um am Boden zu enden.

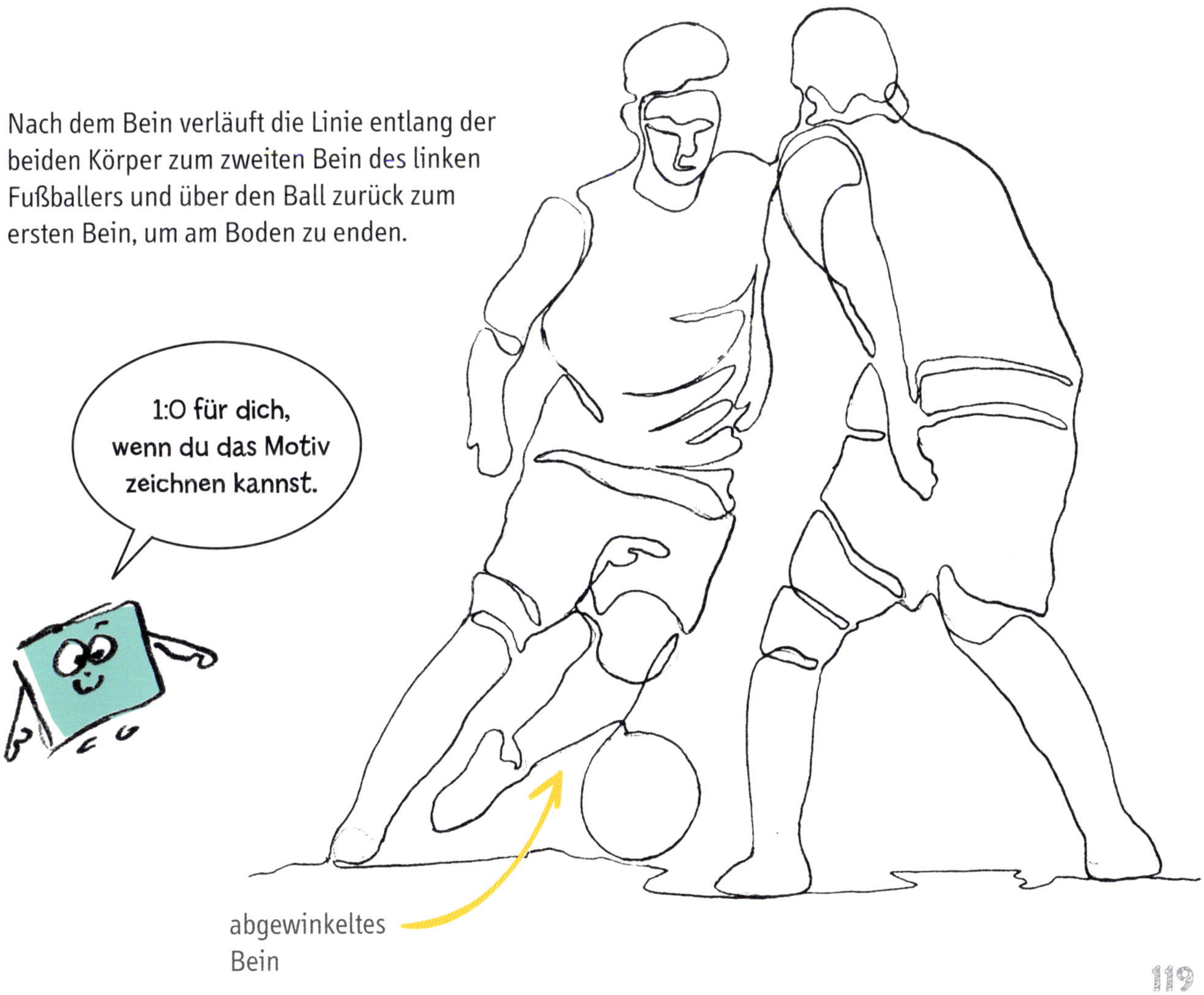

PORTRÄT

★★☆

Du denkst, das war es schon mit Techniken in diesem Buch? Nein, ganz zum Ende hab ich noch eine besondere Gestaltungsvariante aufgehoben, die zwar etwas zeitintensiv ist, aber auch richtig Spaß macht. Das Frauengesicht wurde mithilfe vieler kleiner Punkte - Dots - gestaltet, darum nennt man die Technik auf Dotwork.

1 Zeichne die Umrisse der Haare und des Kopfs. Ergänze dann die Konturen des Gesichts.

2 Fülle die Schattenbereiche und dunklen Elemente des Motivs mit vielen kleinen Punkten. Im Gesicht gestaltest du dazu erste helle Punkte.

3 Füge viele weitere Punkte in unterschiedlichen Helligkeitsstufen hinzu, sodass nach und nach der Gesamteindruck des Gesichts entsteht.

Das ist schon super!

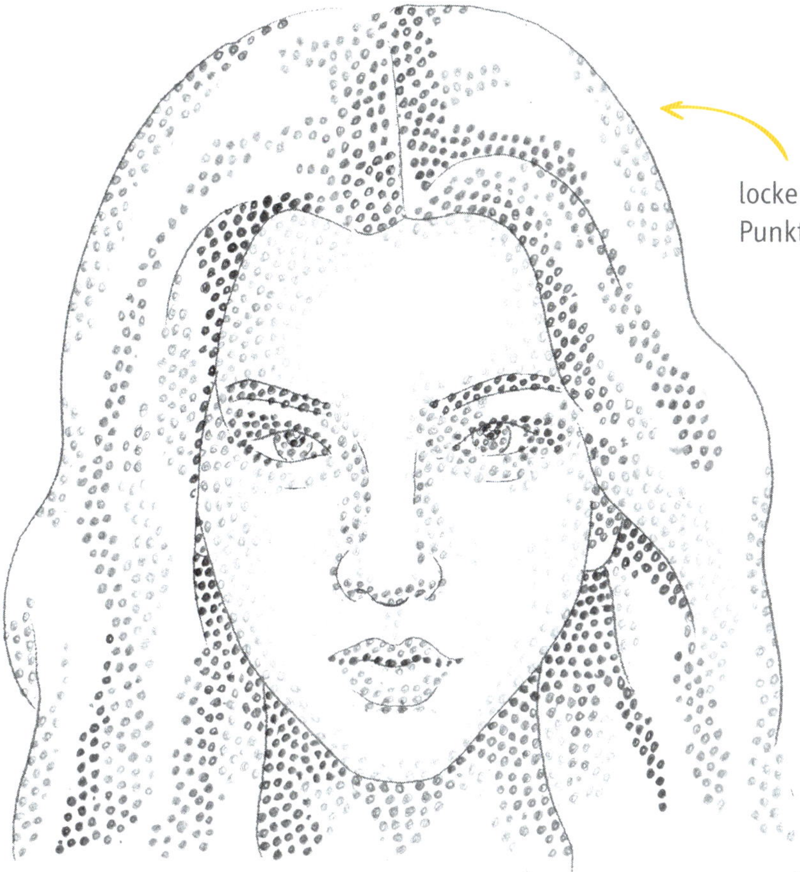

lockere helle Punkte

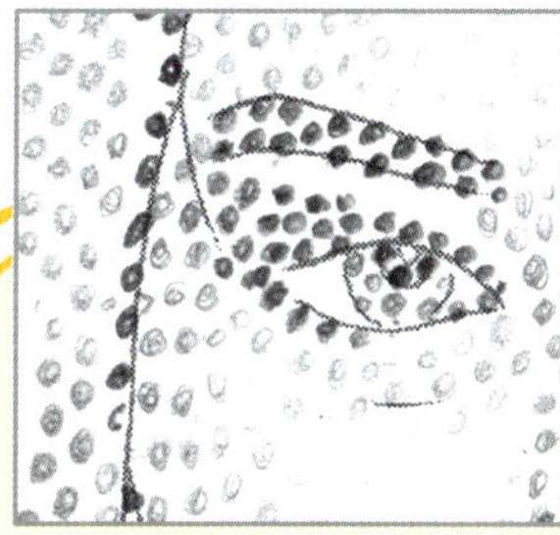

DETAILANSICHT
Das Detail zeigt einen Ausschnitt der vielen Punkte, die das Bild erzeugen. Diese Technik ist Fleißarbeit.

weiße Glanzfläche

Für kleine Profis

4

Arbeite besonders die Haare mit zahlreichen weiteren Punkten fein aus, doch lasse einige weiße Bereich übrig.

BUCHEMPFEHLUNGEN FÜR DICH

Hast du Lust auf noch mehr tolle Bücher?

ISBN 978-3-7358-9132-7

ISBN 978-3-7724-8437-7

ISBN 978-3-7358-9006-1

ISBN 978-3-7358-9054-2

ISBN 978-3-7358-9087-0

ISBN 978-3-7358-9008-5

ISBN 978-3-7724-4399-2

ISBN 978-3-7724-7188-9

ISBN 978-3-7724-7880-2

ISBN 978-3-7358-9066-5

ISBN 978-3-7358-9009-2

ISBN 978-3-7358-9126-6

Viele weitere Kreativ-Bücher findest du auf www.TOPP-kreativ.de

DÜRFEN WIR VORSTELLEN? WIR SIND TOPP!

Uns, unsere Autoren, Bücher, Sets und viele, viele Bastelideen gibt's nicht nur auf Events und in Buchhandlungen, sondern natürlich auch online:

www.TOPP-KREATIV.de

www.YouTube.com/Frechverlag

www.TOPP-KREATIV.de/Newsletter

www.Instagram.com/Frechverlag

www.Facebook.com/Frechverlag

www.Pinterest.com/Frechverlag

www.TOPP-kreativ.de/DigiBib

Der Autor, geboren am 12. November 1967, ist einem breiten Publikum unter dem Namen „Gecko Keck" als Zeichner und Designer bekannt und in der Kreativszene schon seit langer Zeit etabliert. Fast jeder kennt seine Designs für die Ferrero Ü-Eier (über 5000 Designs und 300 Modelle) oder die von ihm entwickelte bayala® Welt der Firma Schleich®. An zahlreichen Lizenzprodukten großer internationaler Marken wie Sponge Bob, Herr der Ringe, Harry Potter, Hello Kitty, Tabaluga, Asterix®, The Incredibles oder den Peanuts (um nur einige zu nennen) hat er als Gestalter mitgewirkt. Inzwischen wurden bereits über 60 Bücher von Gecko Keck veröffentlicht, einige davon Kinder- und Jugendgeschichten, viele davon aber auch zum Thema Malen und Zeichnen. Besonders auch als Autor von Kinderzeichenbüchern der Reihe „Die Kunst des Zeichnens für Kinder" und als Manga-Zeichner hat er sich dabei einen Namen gemacht. Zahlreiche Kurse, über ganz Deutschland verteilt, haben zu diesen Themen bereits stattgefunden.

www.facebook.com/GeckoKeckBuecher

KREATIV-HOTLINE
Hast du Fragen oder gibt es ein Problem? Wir helfen dir gern. Ruf uns an oder schreib uns eine E-Mail:
Telefon: 0711 / 123 757 20*
*normale Telefongebühren
E-Mail: hilfe@frechverlag.de
Weitere Informationen zum Verlag und zu unserem gesamten Programm findest du unter: www.topp-kreativ.de

IMPRESSUM

ZEICHNUNGEN: Gerhard Wörner, Stuttgart
PRODUKTMANAGEMENT: Nele Schlötzer
COVERGESTALTUNG: Eva Hook
HERSTELLUNG: Heike Köhl
SATZ: Werbeagentur Rypka GmbH, www.rypka.at
DRUCK UND BINDUNG: PNB Print Ltd, Lettland

FREISCHALTECODE für die Übungsseiten: 59496

2. Auflage 2025

ISBN 978-3-7358-9131-0 • Best.-Nr. 29131

MIX
Papier | Fördert gute Waldnutzung
FSC® C084698

Penguin Random House Verlagsgruppe
FSC® N001967